EL LIBRO DE LOS
DINOSAURIOS

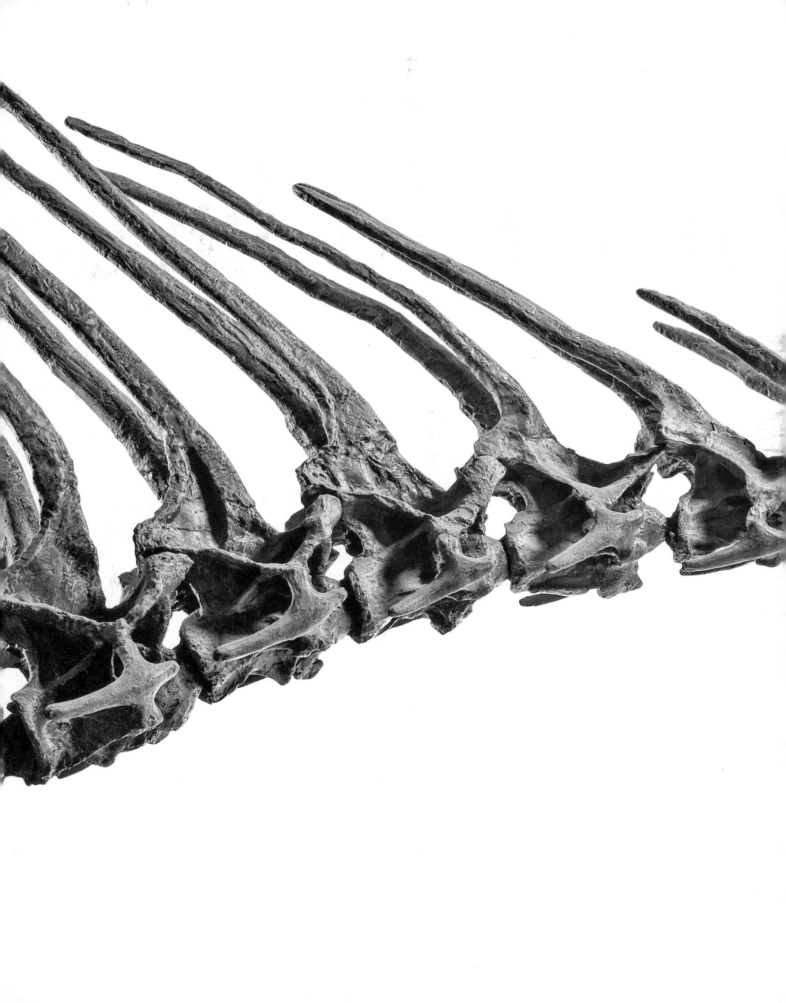

EL LIBRO DE LOS
DINOSAURIOS

ESCRITO POR **JOHN WOODWARD**
ASESORADO POR **DARREN NAISH**

DK | Penguin Random House

DK Delhi

Edición sénior Anita Kakar
Edición de arte sénior Stuti Tiwari Bhatia
Edición Sneha Sunder Benjamin, Tina Jindal
Edición de arte Devika Khosla,
Debjyoti Mukherjee, Nidhi Rastogi
Asistencia editorial Aishvarya Misra
Asistencia de edición de arte Ankita Sharma
Diseño de cubierta Suhita Dharamjit, Juhi Sheth
Coordinación editorial de cubiertas Priyanka Sharma
Diseño DTP sénior Harish Aggarwal
Diseño DTP Jaypal Chauhan, Vijay Khandwal, Nityanand
Kumar, Rakesh Kumar
Edición ejecutiva de cubiertas Saloni Singh
Dirección de preproducción Balwant Singh
Dirección de producción Pankaj Sharma
Edición ejecutiva sénior Rohan Sinha
Edición ejecutiva de arte sénior Sudakshina Basu

DK Londres

Edición sénior Shaila Brown, Ben Morgan
Edición de arte sénior Jacqui Swan
Edición de cubierta Amelia Collins
Diseño de cubierta Surabhi Wadhwa-Gandhi
Dirección de desarrollo de diseño de cubierta Sophia MTT
Documentación gráfica Jo Walton
Producción, preproducción Jacqueline Street-Elkayam
Producción sénior Alex Bell
Edición ejecutiva Lisa Gillespie
Edición ejecutiva de arte Owen Peyton Jones
Dirección editorial Andrew Macintyre
Dirección de arte Karen Self
Subdirección editorial Liz Wheeler
Dirección de diseño Phil Omerod
Dirección general editorial Jonathan Metcalf

Servicios editoriales Tinta Simpàtica
Traducción Núria Parés

Publicado originalmente en Gran Bretaña en 2018 por
Dorling Kindersley Limited, 80 Strand, London WC2R 0RL
Parte de Penguin Random House

Título original: *The Dinosaurs Book*

Primera edición: 2018
Copyright © 2018 Dorling Kindersley Limited
© Traducción al español: 2018 Dorling Kindersley Limited

ISBN: 978-1-4654-7923-5

Impreso en China

www.dkespañol.com

CONTENIDOS

Styracosaurus

Pachycephalosaurus

Gigantspinosaurus

Prólogo

La asombrosa variedad de vida que existe en nuestro planeta es tan rica que aún se descubren nuevos organismos. Los científicos han catalogado más de dos millones de especies, y es probable que haya más esperando ser descubiertas. Pero estas son solo una pequeña parte de las que hubo en la Tierra en el pasado. Si retrocedieras en el tiempo 100 millones de años, estarías rodeado por tantos animales y plantas diferentes como hoy, pero –a menos que hayas leído este libro antes– no reconocerías ninguno de ellos.

Hasta hace poco más de dos siglos, nadie se lo imaginaba. La gente creía que los animales que veía a su alrededor siempre habían existido, y que el mundo en realidad no había cambiado con el tiempo. Pero a finales del siglo XVIII, los científicos comenzaron a examinar unas extrañas formas halladas en las rocas y se dieron cuenta de que eran fósiles: restos de vida antigua que se habían convertido en piedra. La mayoría de estos fósiles eran de moluscos marinos y otras formas familiares, pero algunos eran totalmente diferentes: enormes huesos, cráneos y dientes de animales gigantescos que vivieron millones de años antes del comienzo de la historia humana.

Utilizando fósiles que datan del inicio de la vida en la Tierra, hace unos 3800 millones de años, los científicos pudieron reconstruir la mayor parte de la historia de la vida. Una de las etapas más emocionantes de esa historia comenzó hace unos 230 millones de años con los primeros dinosaurios. Durante los siguientes 164 millones de años, los dinosaurios evolucionaron hasta convertirse en los animales terrestres más espectaculares que jamás hayan

Sciadophyton

Phlegethontia

Corythosaurus

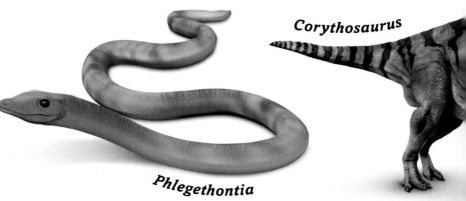

pisado la Tierra. Incluían bestias gigantescas que pesaban como 12 elefantes, depredadores terroríficos que podían triturar huesos, y extrañas criaturas con cuernos, adornos óseos e incluso plumas.

Los grandes dinosaurios fueron aniquilados en una catástrofe global hace 66 millones de años. Pero sus fósiles sobreviven, junto con otros que muestran, sin duda alguna, que muchos de sus parientes más pequeños y con plumas podían volar. Algunos de estos dinosaurios con plumas pudieron sobrevivir al desastre para surgir en la nueva era como pájaros. Por lo tanto, los fósiles no solo nos hablan de la vida en el pasado lejano, sino que también pueden revelar datos asombrosos sobre los animales que vemos cada día a nuestro alrededor.

John Woodward

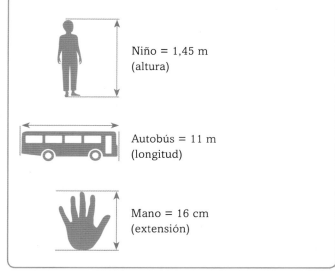

A lo largo del libro, encontrarás cuadros de escala que muestran el tamaño de los animales en comparación con un niño, un autobús o una mano.

Niño = 1,45 m (altura)

Autobús = 11 m (longitud)

Mano = 16 cm (extensión)

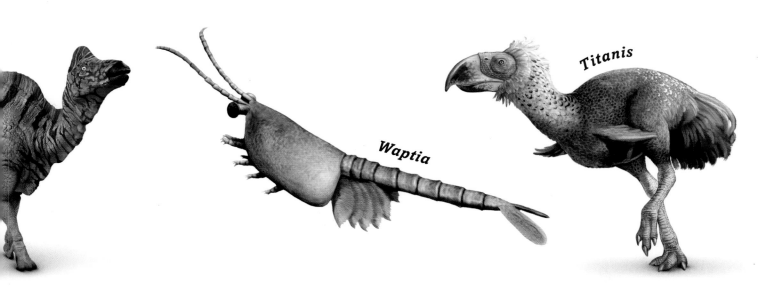

Cronología de la vida

La historia de la vida en la Tierra está escrita en las rocas. Durante millones de años, los sedimentos como la arena y la arcilla se han asentado en el fondo de lagos y mares y se han endurecido para formar capas de rocas sedimentarias. En ellas están los restos fosilizados de organismos prehistóricos, que capturan en cada capa una instantánea de la vida de un período diferente de la historia.

CLAVE

Tierra temprana

Era paleozoica

Era mesozoica

Era cenozoica

Hace millones de años **MA**

▶ 251-200 MA

Triásico
Los reptiles reinaron en el Triásico. Surgieron los primeros dinosaurios, reptiles voladores y verdaderos mamíferos, que eran poco más grandes que las musarañas. Aparecieron cocodrilos y tortugas, y los reptiles acuáticos gigantes dominaron el mar.

Rhamphorhynchus

▶ 200-145 MA

Jurásico
El Jurásico vio la aparición de los colosales dinosaurios saurópodos herbívoros como los *Brachiosaurus*, así como los gigantes terópodos carnívoros que los devoraban. Los terópodos más pequeños evolucionaron en las primeras aves. Los desiertos se redujeron para dejar paso a los bosques de coníferas, araucarias y helechos.

Allosaurus

298-252 MA ◀

Pérmico
El clima de la Tierra se hizo más seco en el Pérmico y el desierto reemplazó a los bosques. Los reptiles y los sinápsidos eran los animales terrestres dominantes. A diferencia de los anfibios, que se reproducen en el agua, los reptiles ponen huevos en la tierra. Al final del Pérmico, la mayoría de las especies fueron aniquiladas por una catástrofe de causa desconocida.

Moschops

Edaphosaurus

4600-500 MA

Precámbrico
El Precámbrico es un supereón que representa casi nueve décimas partes de la historia de la Tierra. Las únicas formas de vida eran organismos unicelulares, como las cianobacterias. Las huellas fósiles de organismos en forma de hoja podrían ser animales de hace 600 millones de años. Conocidos como los organismos de Ediacara, estas misteriosas formas de vida desaparecieron al final del Precámbrico.

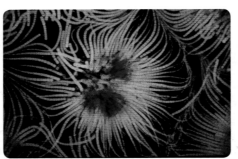

Cianobacteria

▶ 541-485 MA

Cámbrico
En las rocas del período Cámbrico aparece una amplia gama de nuevos fósiles de animales. Un estallido de la evolución parece que produjo animales con los primeros miembros, cabezas, órganos de los sentidos y exoesqueletos. Las categorías de invertebrados vivos en la actualidad se originaron en el Cámbrico, desde moluscos y artrópodos hasta equinodermos como los *Helicoplacus* (un pariente de la estrella de mar).

Helicoplacus

Períodos geológicos

La historia de la Tierra se remonta a 4600 millones de años. Este gran espacio de tiempo se divide en eras, que a su vez se dividen en períodos. El período Jurásico, por ejemplo, es cuando vivieron muchos de los dinosaurios. Los períodos llevan el nombre de diferentes capas de roca sedimentaria, cada una de las cuales tiene una colección particular de fósiles.

▶23-2 MA

Neógeno
Los mamíferos y las aves evolucionaron a formas claramente modernas en el Neógeno. Nuestros antepasados simios dejaron los árboles y se adaptaron a la vida en las praderas caminando erguidos.

Dryopithecus

▶2 MA-presente

Cuaternario
El cerebro de nuestros antepasados creció en este período, lo que les permitió inventar herramientas para cazar, hacer fuego, construir casas, coser ropa y cultivar la tierra.

Homo habilis

66-23 MA ◀

Paleógeno
La extinción de los dinosaurios gigantes permitió a los mamíferos ocupar su lugar. Evolucionaron desde pequeñas criaturas nocturnas hasta una gran diversidad de animales terrestres y marinos, incluyendo herbívoros gigantes como los *Chalicotherium*, que utilizaban sus largos brazos para alcanzar las ramas más altas de los árboles.

Uintatherium

Chalicotherium

▶145-66 MA

Cretácico
Entre los dinosaurios del Cretácico estaban los tiranosaurios y los ceratópsidos herbívoros, con unos peculiares cuernos en la cara, adornos óseos en el cuello y el pico. Todos los dinosaurios salvo algunas aves desaparecieron en una extinción masiva al final del período, junto con muchos otros animales prehistóricos.

Triceratops

Ichthyornis

Magnolia

358-298 MA ◀

Sigillaria

Meganeura

Carbonífero
Este período recibe su nombre del carbón que hay en las rocas, formado a partir de los restos fosilizados de bosques que cubrieron la Tierra. En ellos había milpiés, grandes insectos parecidos a las libélulas, y los primeros anfibios, que habían evolucionado a partir de peces del Devónico.

419-358 MA ◀

Devónico
Los peces dominaban los mares en el Devónico, que a veces se llama la edad de los peces. Los más grandes eran placodermos: peces con mandíbulas y con el cuerpo acorazado para protegerse de las mandíbulas de sus enemigos.

Rolfosteus

▶485-443 MA

Ordovícico
Los mares cálidos cubrieron gran parte de la Tierra en el Ordovícico, sumergiendo el continente que más tarde formaría América del Norte. Los océanos rebosaban de trilobites: grandes criaturas con forma de cochinilla que corrían por el lecho marino o nadaban por el agua como gambas. Aparecieron los primeros peces y estrellas de mar, y las plantas simples probablemente comenzaron a colonizar la Tierra.

Fósiles de trilobites

▶443-419 MA

Silúrico
Los arrecifes de coral aparecieron en el Silúrico, proporcionando hábitats para los primeros peces óseos, con fuertes mandíbulas en lugar de boca para succionar. Las plantas terrestres aún eran pequeñas, pero comenzaron a adquirir las venas que más tarde formarían la madera y desencadenarían el crecimiento de los árboles.

Baragwanathia

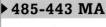
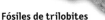

El planeta cambia

Si viajaras en el tiempo a la era Mesozoica, la era de los dinosaurios, la Tierra te parecería un mundo extraño. Los continentes tenían formas diferentes, el clima era más cálido y unas extrañas plantas prehistóricas cubrían gran parte de la tierra. Los dinosaurios y sus parientes prehistóricos gobernaron este mundo durante casi 200 millones de años. Este gran espacio de tiempo se divide en tres períodos diferentes, cada uno con una vida animal y vegetal distinta: el Triásico, el Jurásico y el Cretácico.

Hace 251-200 millones de años

Cola de caballo

Coelophysis

Shonisaurus

Ginkgo

Musgo

Placerias

Mundo Triásico

Al principio del período Triásico, los continentes se unieron en un único supercontinente llamado Pangea. Su interior era desértico, pero el clima era más húmedo cerca de la costa, lo que permitió que crecieran bosques de ginkgo y colas de caballo gigantes. Los primeros dinosaurios, pequeños carnívoros con dos patas, aparecieron en el Triásico. Coexistían con animales robustos y herbívoros como los *Placerias*, un pariente de los primeros mamíferos.

Hace 200-145 millones de años

Mundo Jurásico

El continente gigante de Pangea se dividió durante el Jurásico, a causa de las fuerzas volcánicas de las profundidades de la Tierra, y formó dos grandes continentes. El aire húmedo del mar ahora podía llevar la lluvia a más extensión de tierra y permitía que el bosque sustituyera al desierto. Los dinosaurios dominaron la tierra, y algunos se hicieron gigantes, como el *Barapasaurus*, herbívoro de cuello largo. También evolucionaron los primeros dinosaurios voladores con plumas, como el *Archaeopteryx*, un depredador parecido a un pájaro.

Archaeopteryx

Barapasaurus

Cycas

Helecho

Hace 145-66 millones de años

Velociraptor

Alxasaurus

Sequoia

Archaeanthus

Mosasaurus

Mundo Cretácico

Durante el Cretácico, los continentes fueron adoptando su configuración actual, moviéndose tan rápido como te crecen las uñas de los pies. Las plantas con flores, que habían aparecido en el Jurásico, se convirtieron en árboles y reemplazaron la vegetación más antigua. Ahora había más tipos de dinosaurios que nunca, entre ellos el *Velociraptor*, un pequeño carnívoro con garras letales en forma de gancho en las patas traseras, y el *Alxasaurus*, un herbívoro con plumas.

11

Tipos de fósiles

La mayor parte de lo que sabemos sobre la vida prehistórica proviene de los fósiles: los restos de organismos antiguos sepultados en la roca. El estudio de los fósiles y las rocas que los contienen ha permitido a los científicos descifrar la vida en la Tierra.

Molde natural

Los fósiles se pueden formar de varias maneras. Algunos de los más comunes son moldes: réplicas de todo un cuerpo, o de una parte, que se formaron a partir de los minerales acumulados dentro de una cavidad. Este molde de amonites se formó cuando los minerales se acumularon dentro de la concha en espiral del animal una vez se pudrieron sus tejidos internos.

Molde de amonites

Cómo se forman los fósiles

Solo una pequeña parte de los animales del pasado dejaron fósiles. Los fósiles de animales terrestres son muy raros porque se forman solo en circunstancias inusuales. El animal debe morir en un lugar donde su cuerpo quede intacto y los carroñeros no puedan comerlo. Los restos han de quedar cubiertos por lodo o arena, y quedar enterrados durante millones de años mientras se van convirtiendo en roca. Después, las fuerzas geológicas han de devolver el fósil a la superficie, para que lo podamos encontrar.

El cuerpo de un Tiranosaurio se hunde en el suelo fangoso de un delta, donde un río se encuentra con el mar.

El dinosaurio se ahoga

La carne se pudre lentamente, y quedan las partes duras del cuerpo como huesos y dientes.

La carne se pudre

Miles de años después, el barro y la arena han enterrado el esqueleto.

El sedimento se acumula

Icnofósil

Los fósiles que dejan constancia de la actividad de un organismo, como huellas, madrigueras, nidos o excrementos, se conocen como icnofósiles. Las huellas fósiles nos ayudan a entender cómo se movían los animales.

Huella de arcosaurio

Fósil de pez

Mineralización

La mayoría de los fósiles siguen un proceso llamado mineralización. El agua que se filtra a través del sedimento penetra en el hueso y deposita minerales de roca cristalizados, convirtiendo lentamente los huesos en roca.

Este fósil de molde muestra la forma de un trilobite.

Impresión

Los fósiles de impresión se forman igual que los moldes, pero muestran una huella del cuerpo en lugar de una réplica de su forma. Los trilobites eran criaturas marinas comunes que al crecer se desprendían del esqueleto externo, dejando millones de fósiles.

Impresión de trilobite

Este fósil de impresión muestra la huella de un trilobite.

Árbol petrificado

Ámbar

Algunos fósiles conservan todo el cuerpo de un animal prehistórico. El ámbar es un material amarillo transparente formado a partir de resina de árbol fosilizada. A veces contiene pequeños animales que quedaron atrapados en la resina pegajosa al rezumar del árbol.

Mosca prehistórica en ámbar

Petrificación

Se pueden fosilizar troncos enteros de árboles mediante un proceso de petrificación, que preserva muchos detalles. Primero, las aguas subterráneas que se filtran a través de la madera enterrada depositan cristales de sílice dentro de pequeños espacios. Luego, más lentamente, los minerales reemplazan gradualmente las fibras de la madera, convirtiendo el tronco en piedra.

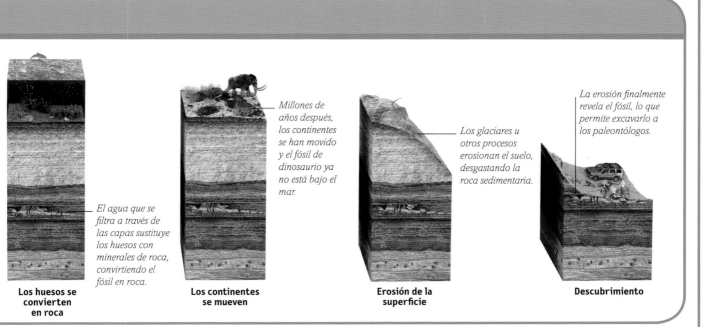

El agua que se filtra a través de las capas sustituye los huesos con minerales de roca, convirtiendo el fósil en roca.

Los huesos se convierten en roca

Millones de años después, los continentes se han movido y el fósil de dinosaurio ya no está bajo el mar.

Los continentes se mueven

Los glaciares u otros procesos erosionan el suelo, desgastando la roca sedimentaria.

Erosión de la superficie

La erosión finalmente revela el fósil, lo que permite excavarlo a los paleontólogos.

Descubrimiento

ESQUISTO DE BURGESS
País: Canadá
Fósil famoso: Trilobites
Esta capa de 508 millones de años de roca de esquisto en las Montañas Rocosas canadienses tiene algunos de los fósiles de animales más antiguos del mundo.

SOLNHOFEN
País: Alemania
Fósil famoso: *Archaeopteryx*
La piedra caliza de esta cantera contiene algunos de los fósiles más perfectos del Jurásico, incluido el *Archaeopteryx*, un dinosaurio de plumas parecido a un pájaro.

MONUMENTO NACIONAL DE LOS DINOSAURIOS
País: EE. UU.
Fósil famoso: *Allosaurus*
Aquí se han encontrado al menos 11 especies de dinosaurios, sepultadas en la roca que se formó en el lecho de un río.

GHOST RANCH
País: EE. UU.
Fósil famoso: *Coelophysis*
Más de 1000 esqueletos del pequeño dinosaurio del Triásico *Coelophysis* hacen de este sitio uno de los yacimientos de huesos de dinosaurios más grandes del mundo.

HELL CREEK
País: EE. UU.
Fósil famoso: *Triceratops*
Se han encontrado muchos fósiles de dinosaurios en este yacimiento, que antes era un bosque que bordeaba un océano que sumergía las praderas americanas.

AUCA MAHUEVO
País: Argentina
Fósil famoso: *Saltasaurus*
Antiguamente una llanura junto a un río, este desierto está lleno de huevos rotos de dinosaurio del Cretácico, probablemente restos de una colonia de anidación del saurópodo *Saltasaurus*.

VALLE DE LA LUNA
País: Argentina
Fósil famoso: *Eoraptor*
Algunos de los primeros dinosaurios conocidos por la ciencia se encontraron en este valle desierto, parecido a la superficie lunar.

Hallazgos

La mayoría de los fósiles se encuentran en rocas sedimentarias que están en todo el mundo, pero algunos yacimientos clave tienen fósiles de animales que no se pudrieron completamente, preservando detalles sutiles como plumas o piel. En los desiertos se encuentran muchos fósiles, no porque los animales se fosilicen bien allí, sino porque la gran extensión de rocas expuestas hace que los fósiles sean más fáciles de detectar.

YACIMIENTO DE MESSEL
País: Alemania
Fósil famoso: *Darwinius*
La roca de esta cantera ha conservado fósiles muy detallados de animales que resultaron envenenados por gases volcánicos y luego se hundieron en un lago.

LIAONING
País: China
Fósil famoso: *Sinosauropteryx*
Los fósiles de dinosaurios de Liaoning están muy bien conservados tras haber quedado enterrados bajo capas de cenizas del Cretácico. Muestran que muchos dinosaurios tenían plumas en lugar de piel escamosa como los reptiles.

DESIERTO DE GOBI
País: Mongolia
Fósil famoso: *Velociraptor*
A finales del Cretácico, el desierto de Gobi tenía bosques de coníferas, lagos, arroyos y muchos dinosaurios, incluido el *Velociraptor* carnívoro.

YACIMIENTO DE EDIACARA
País: Australia
Fósil famoso: *Dickinsonia*
Las huellas en forma de hoja encontradas en el desierto de Australia podrían ser los restos de animales marinos de cuerpo blando que vivieron hace 600 millones de años.

OASIS DE BAHARIYA
País: Egipto
Fósil famoso: *Spinosaurus*
Ahora un oasis en el desierto, este yacimiento fue un pantano costero habitado por *Spinosaurus*, el dinosaurio depredador que se alimentaba de peces más grande que se conoce.

TENDAGURU
País: Tanzania
Fósil famoso: *Kentrosaurus*
El estegosaurio *Kentrosaurus* de cola espinosa se encontró en colinas de piedra arenisca del Jurásico en este yacimiento del este de África.

MONTE KIRKPATRICK
País: Antártida
Fósil famoso: *Cryolophosaurus*
La mayor parte de la Antártida está enterrada bajo el hielo, pero este afloramiento rocoso permitió encontrar cinco fósiles de dinosaurios del Jurásico.

CLAVE

Cenozoico

Cretácico

Jurásico

Triásico

Cámbrico

Precámbrico

15

Nace la vida

La vida en la Tierra comenzó hace al menos 3500 millones de años, y posiblemente hace más de 4000 millones de años. Las formas de vida más antiguas conocidas eran células individuales microscópicas que vivían en el agua: diminutas cápsulas de líquido acuoso que contenían los complejos productos químicos vitales para todo tipo de vida. Aún se desconoce cómo se formaron estas células, pero el proceso probablemente fue impulsado por el calor y la energía química de las aguas termales, tal vez en la tierra o en el fondo del océano.

La Tierra temprana

El planeta Tierra se formó a partir de la roca y el polvo que orbitaban alrededor del recién formado Sol. A medida que el planeta creció en tamaño, su gravedad atrajo más rocas y cometas, que contenían agua y los elementos químicos necesarios para la vida. Todas las rocas que impactaban en el planeta en crecimiento lo calentaron hasta que se derritió. Más tarde, el planeta se enfrió lo suficiente como para que el agua líquida se asentara en la superficie. El agua líquida sigue siendo vital para todas las formas de vida.

Los impactos generaron un intenso calor: durante gran parte de sus inicios, el planeta era una bola de roca fundida.

La superficie de la Tierra primitiva fue bombardeada por gigantescos bloques de roca espacial.

16

Primeros signos de vida

Los primeros organismos vivos se formaron en agua que contenía productos químicos simples disueltos de las rocas. Hoy en día, este tipo de agua rica en productos químicos surge de las aguas termales del fondo del océano y en lugares como el Parque Nacional de Yellowstone, Estados Unidos. El agua contiene organismos microscópicos que se parecen a algunos de los primeros seres vivos, por lo que es probable que la vida comenzara en estos lugares. Es esta vida microbiana la que da a Grand Prismatic Spring sus vivos colores.

Grand Prismatic Spring, Parque Nacional de Yellowstone, Estados Unidos

La fuente termal está bordeada por vida microbiana.

Unas diminutas burbujas de paredes rugosas fueron las primeras células vivas.

Primeras células

Células vivas

La vida consiste en reacciones químicas que se producen en unos organismos microscópicos de pared dura llamados células. Las primeras células vivas eran simples bolsas de líquido, como las bacterias modernas. Absorbieron energía y la usaron para convertir productos químicos simples en sustancias complejas vitales para la vida, como las proteínas. Esto las ayudó a crecer, multiplicarse y formar grandes colonias como las que viven en las aguas termales actuales.

La vida primitiva

Las rocas más antiguas conocidas en la Tierra contienen estructuras microscópicas que han sido identificadas como fósiles de *Archaea*, organismos similares a las bacterias. Las rocas, que se formaron en el fondo del océano, tienen al menos 3800 millones de años. Pero existe una evidencia mucho más clara de vida primitiva en forma de estromatolitos fósiles. Tienen unos 3400 millones de años, y formaron colonias de microbios llamadas cianobacterias que se acumularon en capas en forma de cúpula. Estas capas son claramente visibles en los fósiles.

Fósil estromatolito

OXÍGENO VITAL

Las aguas de Shark Bay en el oeste de Australia mantienen una forma de vida que ha existido en la Tierra durante miles de millones de años: los estromatolitos, unos cúmulos creados por cianobacterias, microbios simples que convierten el aire y el agua en azúcar usando la luz solar. Este proceso de fotosíntesis crea la mayoría de los alimentos que necesitan los animales y libera el oxígeno que respiran.

Cuando las cianobacterias evolucionaron en los océanos hace más de 2500 millones de años, había muy poco oxígeno en el aire. Durante millones de años, bombearon tanto que ahora representa más de una quinta parte de la atmósfera. Esto fue vital para la evolución de los animales, que necesitan oxígeno para convertir los alimentos en energía. Las cianobacterias autónomas todavía están diseminadas en los océanos y en la tierra, pero los estromatolitos son poco frecuentes porque eran el alimento ideal de algunos de los animales que evolucionaron en el mundo que ellos habían creado. Los de Shark Bay sobreviven porque pocos animales pueden vivir en el agua salada de sus lagunas.

Evolución y extinción

Los fósiles revelan la evolución de la vida, pero esto no se comprendió del todo hasta el siglo XIX, cuando se convirtieron en una importante prueba de la teoría de la evolución por selección natural. Desarrollada por Charles Darwin, esta teoría demostró que los individuos de una especie tienen distinta capacidad para afrontar las dificultades; algunos sobreviven y se reproducen, y otros no. Como resultado, las especies cambian gradualmente con el tiempo para adaptarse al mundo cambiante. Las nuevas especies evolucionan, y las más antiguas pueden extinguirse por completo.

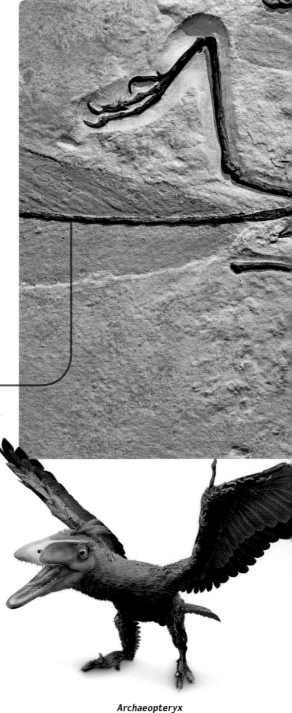

Prueba fósil
Cuando en 1861 se descubrió el primer fósil de *Archaeopteryx*, que mostraba plumas de alas, fue considerado como una importante prueba para confirmar la teoría de que los seres vivos evolucionan con el tiempo.

Cola ósea ❯ Este fósil de 150 millones de años de un *Archaeopteryx* se parece mucho a un pájaro actual con alas anchas y con plumas. Pero tenía una cola larga y huesuda como un dinosaurio extinguido. Esta combinación de características no existe en ningún animal moderno.

Selección natural
Cada animal es diferente de sus progenitores. Esta variación natural da origen a seres con diferentes fortalezas y debilidades y con más o menos opciones de sobrevivir. Un insecto con un camuflaje más efectivo que otros podrá eludir mejor a las aves hambrientas, reproducirse y transmitir sus habilidades a sus crías. En cambio, los que tienen un camuflaje menos efectivo se pueden extinguir.

Los bordes dentados y el patrón de líneas configuran el magnífico camuflaje de los insectos hoja.

Insecto hoja

Archaeopteryx

Especies nuevas

Si las aves vuelan a un nuevo hábitat, por ejemplo a una isla oceánica, pueden tener dificultades para encontrar comida. Las que sobrevivan serán las que, por casualidad, tengan características que las ayuden a superar las nuevas condiciones. Si logran reproducirse, sus crías tenderán a heredar estas características. A lo largo de muchas generaciones, esto puede originar una variedad claramente diferente de sus antepasados continentales. Este proceso crea nuevas especies.

Con plumas ❯ Los fósiles de *Archaeopteryx* conservan trazas de plumas que son muy similares a las de las aves modernas. Pero los fósiles también muestran que tenía los dientes y los huesos de un dinosaurio terópodo.

El antepasado tenía un pico grueso para romper semillas.

Este pinzón usa su pico de gancho para cortar frutas y brotes.

Un pico exploratorio es ideal para sacar semillas de las flores.

Un pico con sobremordida es perfecto para desenterrar larvas.

Un pico puntiagudo ayuda a este pinzón a arrancar insectos de las hojas.

Un pico capaz de sostener le permite a este pinzón usar una rama para sacar a la presa de la corteza.

Pinzones de las Galápagos
Las islas Galápagos, en el océano Pacífico, son el hogar de varias especies de pinzones, cada uno con un pico especializado para un tipo diferente de alimento. Está claro que todos evolucionaron del mismo ancestro, que debió de llegar desde la cercana América del Sur.

Antepasados perdidos

Los procesos de evolución y extinción causan una rotación incesante de especies, y las nuevas evolucionan a medida que otras mueren. Así, en los últimos 500 millones de años, más del 90% de todas las especies de la Tierra han desaparecido. Solo sabemos de estas formas de vida porque sus restos han sobrevivido como fósiles.

Los trilobites no existen hoy en día: vivieron en antiguos mares hace unos 500 millones de años.

Fósil de trilobite

Fósil de *Archaeopteryx*

Extinciones masivas

A veces, una catástrofe cambia el mundo de manera tan radical que muy pocos animales pueden sobrevivir. A eso se le llama extinción masiva. Desde que comenzó la vida, ha habido cinco grandes extinciones masivas. Cada una aniquiló gran parte de la vida en la Tierra, permitiendo que nuevas especies evolucionaran.

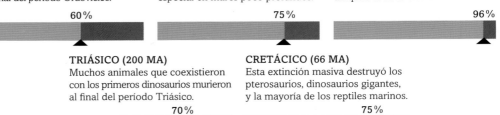

ORDOVÍCICO (440 MA)
Hasta el 60% de las especies marinas perecieron en una extinción masiva al final del período Ordovícico.

60%

DEVÓNICO (358 MA)
La extinción del Devónico tardío afectó a la vida oceánica, en especial en mares poco profundos.

75%

PÉRMICO (250 MA)
El período Pérmico terminó con una catástrofe global que casi aniquiló toda la vida en la Tierra.

96%

TRIÁSICO (200 MA)
Muchos animales que coexistieron con los primeros dinosaurios murieron al final del período Triásico.

70%

CRETÁCICO (66 MA)
Esta extinción masiva destruyó los pterosaurios, dinosaurios gigantes, y la mayoría de los reptiles marinos.

75%

Vértebras ❯
Los vertebrados se llaman así por la cadena de huesos (vértebras) que forman su cuello, columna y cola.

Omóplato

Los vertebrados

Hasta hace unos 530 millones de años, todos los animales eran invertebrados, criaturas sin esqueletos articulados internos. Más adelante aparecieron nuevos tipos de animales en los océanos con una especie de columna elástica, un principio de columna vertebral. Estos se convirtieron en peces, los primeros verdaderos vertebrados y los antepasados de anfibios, mamíferos, reptiles y aves.

Evolución de los vertebrados

Los vertebrados son solo el 3 % de las especies animales, pero incluyen todos los animales grandes que conocemos. Los peces fueron los primeros vertebrados. Algunos evolucionaron con aletas en forma de patas y se convirtieron en los primeros animales terrestres de cuatro patas (tetrápodos). Estos evolucionaron en anfibios, reptiles y mamíferos. Los reptiles conocidos como arcosaurios dieron origen a los pterosaurios, dinosaurios y aves.

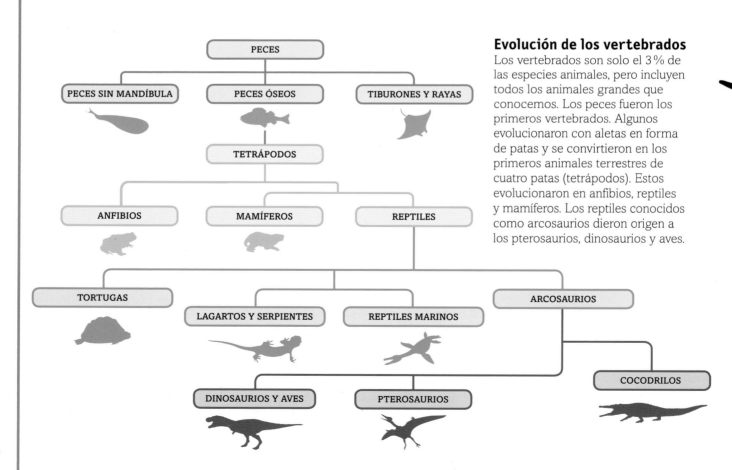

PECES

PECES SIN MANDÍBULA — PECES ÓSEOS — TIBURONES Y RAYAS

TETRÁPODOS

ANFIBIOS — MAMÍFEROS — REPTILES

TORTUGAS — LAGARTOS Y SERPIENTES — REPTILES MARINOS — ARCOSAURIOS

DINOSAURIOS Y AVES — PTEROSAURIOS — COCODRILOS

Hueso de cadera superior

Las espinas que sobresalen de la parte superior de las vértebras dan puntos de anclaje para los músculos de la espalda.

Armazón ❯ La espina dorsal entre los hombros y las caderas sostenía la cabeza, el cuello y la cola de este herbívoro, y también las costillas. La columna estaba formada por huesos entrelazados, ligeros pero fuertes.

Huesos de las patas ❯ El peso de este dinosaurio gigante se apoyaba en los enormes huesos de las patas, unidos a la columna por articulaciones fuertes y móviles.

Diplodocus

Todos los animales terrestres grandes son vertebrados, porque un animal terrestre pesado necesita un esqueleto interno resistente para soportar su peso. Durante la era de los dinosaurios gigantes, los huesos fuertes permitieron que animales terrestres como los *Diplodocus* crecieran hasta un tamaño colosal. Los únicos que pesan más que estos son las ballenas, pero su peso es soportado por el agua.

Arcosaurios

Reptiles

Peces

Mamíferos

Anfibios

Tipos de vertebrados

En general pensamos en los vertebrados como peces, anfibios, reptiles, aves y mamíferos. Pero las aves también se pueden considerar como arcosaurios, un grupo de reptiles que incluía a sus parientes más cercanos: los extintos dinosaurios.

¿Qué es un dinosaurio?

Los dinosaurios fueron un grupo muy diverso de reptiles que dominaron la vida en la Tierra durante unos 140 millones de años (los humanos solo existen desde hace menos de 1 millón de años). Su tamaño iba entre animales no más grandes que una paloma hasta otros del tamaño de un camión. Eran reptiles, pero muy diferentes de los actuales. Los había de dos tipos: dinosaurios con cadera de lagarto (saurisquios) y dinosaurios con cadera de ave (ornitisquios), subdivididos como se muestra a continuación.

Saurisquios
El nombre significa «cadera de lagarto» y se refiere al hecho de que los saurisquios tenían los huesos de la cadera como los de los lagartos. Este grupo incluía a los sauropodomorfos herbívoros. También podría incluir a los terópodos carnívoros, pero algunos científicos piensan que los terópodos están más cerca de los ornitisquios.

Eoraptor

Dinosaurios ancestrales
Los primeros dinosaurios eran animales bípedos pequeños y ágiles; se parecían a este *Marasuchus*, un arcosaurio primitivo con aspecto de dinosaurio. Durante el período Triásico tardío, los primeros dinosaurios evolucionaron de diferente manera. La mayoría eran herbívoros, pero algunos se convirtieron en auténticos cazadores.

Marasuchus

Ornitisquios
Este grupo se compone de herbívoros con pico y un cuello corto. Su nombre significa «cadera de ave», porque los huesos de la cadera se parecían a los de las aves (a pesar de que las aves eran pequeños saurisquios y por lo tanto no estaban estrechamente relacionados).

Hypsilophodon

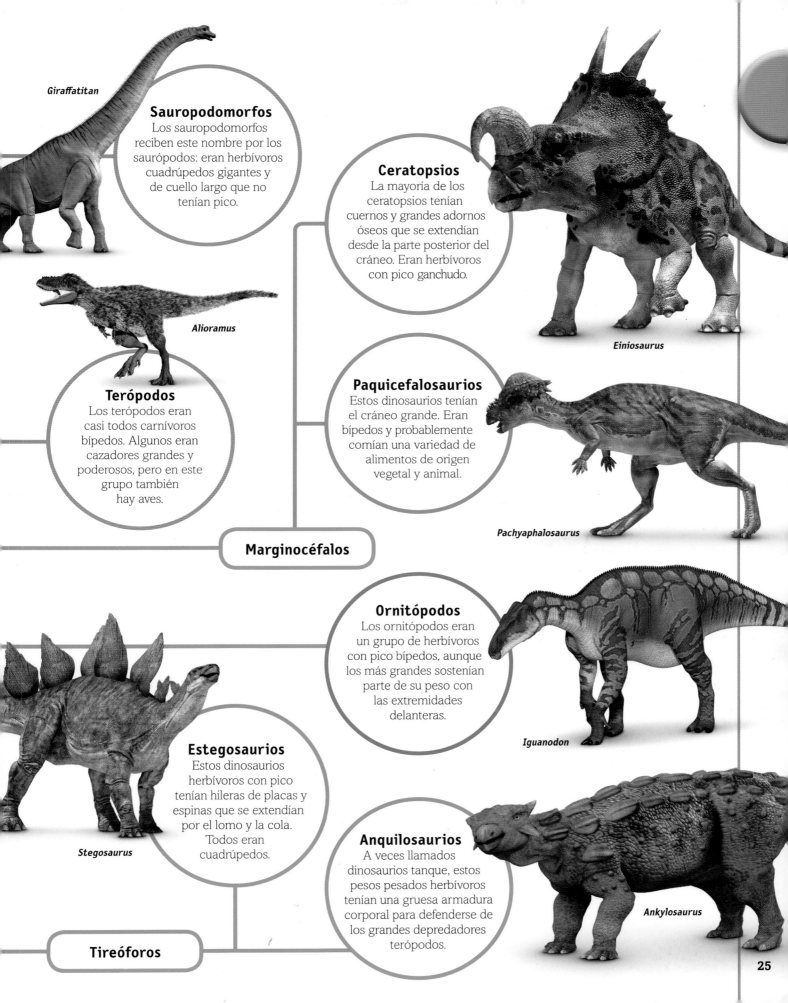

Giraffatitan

Sauropodomorfos

Los sauropodomorfos reciben este nombre por los saurópodos: eran herbívoros cuadrúpedos gigantes y de cuello largo que no tenían pico.

Alioramus

Terópodos

Los terópodos eran casi todos carnívoros bípedos. Algunos eran cazadores grandes y poderosos, pero en este grupo también hay aves.

Ceratopsios

La mayoría de los ceratopsios tenían cuernos y grandes adornos óseos que se extendían desde la parte posterior del cráneo. Eran herbívoros con pico ganchudo.

Einiosaurus

Paquicefalosaurios

Estos dinosaurios tenían el cráneo grande. Eran bípedos y probablemente comían una variedad de alimentos de origen vegetal y animal.

Pachyaphalosaurus

Marginocéfalos

Ornitópodos

Los ornitópodos eran un grupo de herbívoros con pico bípedos, aunque los más grandes sostenían parte de su peso con las extremidades delanteras.

Iguanodon

Estegosaurios

Estos dinosaurios herbívoros con pico tenían hileras de placas y espinas que se extendían por el lomo y la cola. Todos eran cuadrúpedos.

Stegosaurus

Anquilosaurios

A veces llamados dinosaurios tanque, estos pesos pesados herbívoros tenían una gruesa armadura corporal para defenderse de los grandes depredadores terópodos.

Ankylosaurus

Tireóforos

¿Cómo era su cuerpo?

Columna vertebral

Músculo de la cola

Aunque los tejidos blandos del cuerpo de los animales rara vez se fosilizan, podemos intuir cómo eran los dinosaurios por dentro. Eran vertebrados, y todos ellos tienen los mismos rasgos anatómicos básicos, con fuertes músculos sobre un esqueleto articulado y órganos internos: corazón, pulmones, estómago, intestinos y cerebro. Antes se pensaba que eran reptiles torpes de sangre fría, pero ahora creemos que muchos eran tan ingeniosos y activos como las aves, y algunos incluso podrían haber sido de sangre caliente.

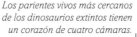

Tyrannosaurus

Músculos de las patas ❯
Los grandes dinosaurios como este *Tyrannosaurus* tenían músculos enormes. El calor generado por su cuerpo mantenía calientes los músculos para obtener una máxima eficacia.

Músculo del muslo

Características de los dinosaurios

El cerebro de un dinosaurio como el Citipati *estaba adaptado para los sentidos, no para la inteligencia.*

Cerebro. El cerebro de los dinosaurios extintos era relativamente pequeño, y algunos eran muy pequeños. La mayoría no eran tan inteligentes como las aves modernas.

Los parientes vivos más cercanos de los dinosaurios extintos tienen un corazón de cuatro cámaras.

Corazón. El bombeo de sangre por todo el cuerpo de un gran dinosaurio requiere un poderoso corazón de cuatro cámaras, similar al corazón humano, pero mucho más grande.

Los sacos de aire (azul) almacenaban aire y lo bombeaban a través de los pulmones (rojo).

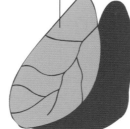

Los pulmones. La evidencia fósil muestra que los dinosaurios tenían pulmones como los de las aves modernas, que son más eficientes que los pulmones de los mamíferos.

Cadera

Esqueleto ❯ El peso del dinosaurio era soportado por un esqueleto fuerte, pero muchos huesos estaban huecos, lo que reducía su peso.

Pulmones

Saco de aire

Mandíbula inferior

Brazos

Corazón

Intestinos ❯ Como la carne es fácil de digerir, el intestino de un carnívoro era bastante corto. Los herbívoros tenían intestinos más largos para procesar los alimentos fibrosos.

Garra

Estómago ❯ El estómago de un depredador como el *Tyrannosaurus* estaba adaptado para almacenar mucha carne tragada rápidamente después de una cacería.

Animal veloz

Los cazadores como este *Tyrannosaurus* estaban hechos para matar. Los músculos grandes, la sangre caliente y los pulmones supereficientes les daban la velocidad y la fuerza necesarias para perseguir, atacar y matar a sus presas. Pero los herbívoros más pequeños también tenían que ser ágiles y rápidos si querían escapar.

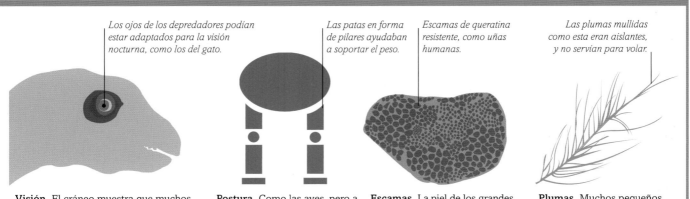

Los ojos de los depredadores podían estar adaptados para la visión nocturna, como los del gato.

Las patas en forma de pilares ayudaban a soportar el peso.

Escamas de queratina resistente, como uñas humanas.

Las plumas mullidas como esta eran aislantes, y no servían para volar.

Visión. El cráneo muestra que muchos dinosaurios extintos tenían sentidos agudos. Los depredadores como el *Tyrannosaurus* probablemente tenían muy buena visión, tal vez tan aguda como la de un águila.

Postura. Como las aves, pero a diferencia de los reptiles actuales, se mantenían erguidos con las patas directamente debajo del cuerpo. Esto ayudaba a soportar su peso.

Escamas. La piel de los grandes dinosaurios estaba protegida por escamas. Muchos pequeños con plumas también tenían escamas en partes del cuerpo.

Plumas. Muchos pequeños terópodos, y algunos grandes, estaban cubiertos de plumas, que los mantenían calientes y a algunos les permitían volar.

ANTES DE LOS DINOSAURIOS

Los primeros animales

Encontrado en Carolina del Norte, EE.UU., este fósil de un animal parecido a un gusano no parece tener boca, ojos ni intestino.

Pteridinium

Charnia

Los fósiles muestran que el cuerpo de la Charnia estaba hecho de hileras de ramas, dándole un aspecto rayado.

Los fósiles de Mawsonites, que parecen flores, pueden ser los restos de medusas.

Unida al lecho marino por un tallo, la Charnia tenía un cuerpo en forma de hoja que absorbía los alimentos del agua.

Mawsonites

Antiguamente, los científicos creían que los primeros animales evolucionaron hace unos 542 millones de años, al principio del período Cámbrico. El enorme lapso de la historia de la Tierra antes del Cámbrico (período Precámbrico) se consideraba casi sin vida, aparte de bacterias y organismos unicelulares similares. Pero en 1957 se descubrió un fósil en las rocas precámbricas del bosque de Charnwood, en Inglaterra. Era una forma de vida multicelular, ahora conocida como *Charnia*. Los científicos vieron que los fósiles de organismos similares hallados en las Colinas de

Su cabeza podría tener ojos y boca.

Spriggina

Tribrachidium

El Tribrachidium *se parecía a una anémona de mar y tenía un cuerpo circular formado por tres partes similares.*

El cuerpo estaba dividido en muchos segmentos, pero no tenía patas visibles.

Los fósiles más grandes conocidos de Dickinsonia *tienen más de 1,3 m de longitud y muestran un cuerpo característico con un surco central, pero no se sabe ni si tenía cabeza.*

La **Charnia**, el primer fósil que se conoce del período Precámbrico, lo halló un chico de 15 años.

Dickinsonia

Ediacara de Australia en 1946 también eran precámbricos y tenían más de 600 millones de años. Estos fueron algunos de los primeros animales de la Tierra. Desde entonces, se han encontrado fósiles similares en América del Norte, África y Rusia. Muchos, incluida la *Charnia*, eran animales que vivían en el lecho marino, como los corales modernos. Otros, como la **Spriggina**, se movían o nadaban en busca de comida, y algunos, como el **Dickinsonia**, eran tan diferentes de cualquier animal actual que su naturaleza y modo de vida siguen siendo un misterio.

Muy resistentes

Anomalocaris

El cuerpo estaba dividido en segmentos con aletas largas en cada lado.

*La **Marrella** era parecida a una gamba.*

El **Anomalocaris** alcanzaba hasta una **longitud** de 2 m, el tamaño de un **humano** adulto.

Esta criatura marina en forma de pera tenía surcos en espiral alrededor de su caparazón.

Helicoplacus

Estas garras con pinchos servían para atrapar presas.

Los animales primitivos que vivían en los antiguos océanos tenían cuerpos blandos, como las medusas actuales. Pero hace 542 millones de años, durante el período Cámbrico, comenzaron a aparecer nuevos tipos de animales. Tenían caparazones duros, espinas y esqueletos externos duros, como los del **Anomalocaris** y la **Marrella**. Estas partes duras protegían su cuerpo y eran una defensa contra los enemigos. Cuando los animales morían, sus partes blandas se pudrían o se las comían otros animales, pero sus caparazones y esqueletos a menudo se

Las espinas bucales del Ottoia servían para atrapar pequeñas presas e incluso miembros de su propia especie.

Ottoia

Estas largas y afiladas espinas probablemente servían para defenderse.

Wiwaxia

Waptia

Las largas antenas podían detectar comida en el agua.

Siete pares de espinas rígidas protegían este largo cuerpo parecido a un gusano.

Hallucigenia

Placas de la armadura

El Echmatocrinus tenía nueve tentáculos formados por placas.

Las patas flexibles eran como las de un gusano aterciopelado actual.

Ojos

Opabinia

Su pinza le servía para atrapar presas.

Echmatocrinus

conservaban como fósiles. El descubrimiento de muchos fósiles en rocas de esta época demuestra que apareció una gran variedad de nuevos animales al mismo tiempo. Esto se conoce como la explosión del Cámbrico. Los animales de cuerpo blando como el gusano **Ottoia** prosperaron, y se conservan en rocas como el Esquisto de Burgess en Canadá. Criaturas como los Ottoia y los **Waptia** son similares a los animales modernos, pero otros, como los **Opabinia**, eran tan raros que aún no sabemos cómo vivían.

GRABADO EN PIEDRA

En lo alto de las Montañas Rocosas de la Columbia Británica, Canadá, se encuentra uno de los yacimientos fósiles más increíbles: el Esquisto de Burgess. Lo descubrió en 1909 el científico estadounidense Charles Walcott, que enseguida vio que había encontrado un tesoro de la vida antigua. Pasó los siguientes 14 años trabajando allí, sacando de la roca más de 65 000 fósiles.

Hace más de 500 millones de años, el Esquisto de Burgess era un lecho marino fangoso al pie de un acantilado costero. Abundaban los animales, y algunos quedaron enterrados por deslizamientos de tierra. Cuando el barro se convirtió en roca, sus restos se conservaron como fósiles aplanados, registrando la evolución de una variedad de vida de principios de la era

Paleozoica, hace unos 444 millones de años. Algunos de los fósiles eran de animales que tenían exoesqueletos, como estos trilobites, pero muchos eran de animales de cuerpo blando muy diferentes de las criaturas que vemos hoy, como la *Opabinia* de cinco ojos. Estos animales ofrecen a los científicos una imagen espectacular de la vida hace millones de años.

Los trilobites

El **Paradoxides** *fue uno de los primeros y más grandes trilobites, con un tamaño de hasta 37 cm.*

El **Phacops** *tenía un par de ojos compuestos, cada uno formado por muchas lentes pequeñas.*

Paradoxides

Phacops enroscado

Su cuerpo acorazado se enroscaba para protegerlo de los ataques.

Drotops

Sus largas espinas lo convertían en un bocado difícil para un depredador.

Ceratalges

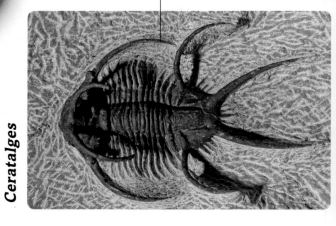

Los trilobites, con su cuerpo segmentado, son unos de los fósiles más característicos que se encuentran en las rocas antiguas.
Los primeros trilobites aparecen en rocas de más de 520 millones de años. Prosperaron en los océanos durante unos 270 millones de años hasta la extinción que puso fin a la era Paleozoica hace 252 millones de años. Los trilobites fueron unos de los primeros artrópodos: animales con esqueleto externo y patas articuladas, como los insectos y las arañas actuales. Muchos trilobites como el **Drotops** parecían cochinillas aplanadas, con varios

Phacops no enroscado

El cuerpo del Phacops *estaba formado por 11 segmentos, cada uno con un par de patas.*

Walliserops

El arpón *de tres puntas servía para luchar contra los rivales.*

Ditomopyge

El caparazón irregular *y en forma de cúpula cubría las piezas bucales del trilobites.*

Igual que muchos trilobites, *este era probablemente un cazador y carroñero del fondo marino.*

Estos fósiles *podrían ser piel de Selenopeltis: todos los trilobites pierden la piel a medida que crecen.*

Selenopeltis

Ogygopsis

Este es uno *de los trilobites más comunes encontrados en el Esquisto de Burgess, Canadá.*

Xystridura

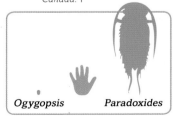

Ogygopsis   Paradoxides

La cola *estaba formada por muchos segmentos fusionados en una sola placa.*

pares de patas y ojos grandes; los trilobites fueron unos de los primeros animales en desarrollar ojos compuestos con muchas lentes, igual que los insectos que conocemos hoy. Algunos, como el **Ceratalges** y el **Walliserops**, tenían unas espinas espectaculares que podrían servir para aparearse o defenderse. Muchos buscaban alimento en el lecho marino, pero otros nadaban. Había al menos 17 000 especies, desde pequeñas criaturas de menos de 3 mm hasta animales tan grandes como este libro.

La era de los peces

Con su cuerpo alargado, este tiburón de finales del Paleozoico se parecía más a una anguila.

La larga espina de la cabeza podría ser venenosa y utilizada como arma de defensa.

Xenacanthus

Cheirolepis

Este pez óseo tenía una cola similar a la de un tiburón.

Tenía el cuerpo cubierto de diminutas escamas en forma de diamante.

La espina dorsal se extendía hasta el lóbulo superior de la cola, como en los actuales tiburones.

Stethacanthus

Astraspis

La cabeza de este pez primitivo sin mandíbulas estaba protegida por una armadura escamosa.

De cada aleta lateral salía un largo y flexible «látigo».

Sus aletas espinosas estaban protegidas con fuertes espinas.

Cheiracanthus

Todos los vertebrados terrestres, incluidos los dinosaurios, descienden de los peces, los primeros animales con columna vertebral. Los peces evolucionaron a partir de criaturas de cuerpo blando como el *Pikaia*, que vivió hace más de 500 millones de años. Las primeras formas, como el *Astraspis*, sin mandíbula, tenían una vara flexible llamada notocordio en lugar de espina dorsal. Durante los siguientes 100 millones de años, los peces desarrollaron mandíbula y columna vertebral. En el período Devónico, 416-358 millones de años atrás, prosperaron tanto que se

A diferencia de los tiburones modernos, la boca estaba en la punta del hocico, y no en la parte inferior.

Cladoselache

El Pikaia era un cordado primitivo, un animal con espina dorsal pero sin huesos.

Pikaia

La extraña estructura en forma de torre en el lomo de los machos podría servir para atraer a una hembra.

Un cuerpo largo y plano se extendía desde su pequeña cabeza.

El *Stethacanthus* tenía **escamas** como **dientes** en la cabeza y la aleta dorsal.

Este pez acorazado tenía una cabeza ósea con escudos.

Fósil de Coccosteus

El cuerpo estilizado del tiburón se adaptaba para moverse rápido a través del agua.

Unas grandes escamas cubrían su cuerpo con aletas lobuladas.

Holoptychius

Los pares de aletas debajo del cuerpo estaban reforzadas por fuertes huesos.

conoce como la era de los peces. Evolucionaron dos grupos principales: los tiburones como el *Stethacanthus* y el *Cladoselache* tenían esqueletos de un material gomoso llamado cartílago, mientras que los peces óseos como el *Cheirolepis* tenían esqueletos de hueso duro. Algunos de estos peces también tenían cuatro aletas óseas y fuertes bajo el cuerpo. Los llamados peces con aletas lobulares fueron los primeros vertebrados que vivieron en tierra. A pesar de que la extinción masiva más grande acabó con el 90 % de las especies marinas hace 251 millones de años, los peces sobrevivieron.

Acorazados

Su ancha cabeza *estaba cubierta de pequeñas placas óseas, que formaban una fuerte armadura.*

Drepanaspis

El lomo *de este primitivo pez sin mandíbulas estaba protegido por escamas óseas.*

Birkenia

El Drepanaspis *tenía solo una aleta en la cola.*

La boca *apuntaba hacia arriba.*

La mayor parte *del cuerpo no estaba acorazado, así que tenían flexibilidad para nadar.*

El *Dunkleosteus* **podía crecer hasta los 6 m de largo, tan grande como un gran tiburón blanco.**

La placa ósea *de la cabeza se extendía hasta un hocico largo en forma de tubo que servía para detectar a las presas escondidas en el fondo del mar.*

El Rolfosteus *solo medía unos 30 cm de largo.*

Rolfosteus

Cephalaspis

La boca estaba *debajo de la placa ósea de la cabeza. El Cephalaspis debía de alimentarse en el lecho marino.*

Muchos peces primitivos tenían armadura, que les protegía la cabeza e incluso el cuerpo. El primero de estos peces acorazados apareció hace más de 400 millones de años. Los *Cephalaspis* y *Drepanaspis* sin mandíbulas tenían grandes placas en forma de herradura en la cabeza. Algunos de estos grandes peces con mandíbulas tenían un aspecto monstruoso. La cabeza y la parte superior del cuerpo estaban cubiertos con placas óseas duras y superpuestas con articulaciones

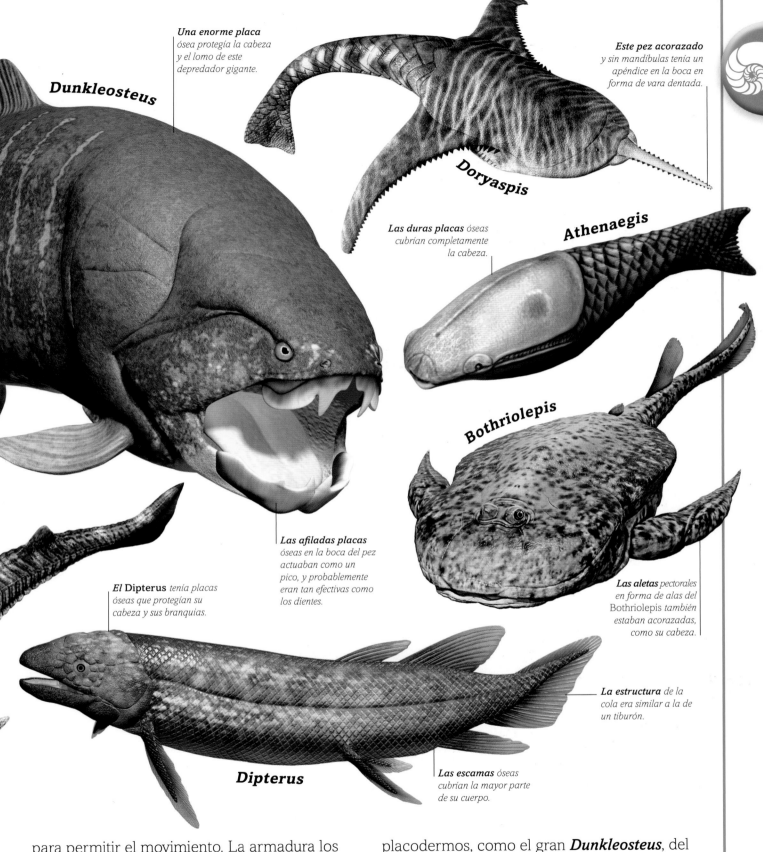

Dunkleosteus

Una enorme placa ósea protegía la cabeza y el lomo de este depredador gigante.

Doryaspis

Este pez acorazado y sin mandíbulas tenía un apéndice en la boca en forma de vara dentada.

Las duras placas óseas cubrían completamente la cabeza.

Athenaegis

Bothriolepis

Las afiladas placas óseas en la boca del pez actuaban como un pico, y probablemente eran tan efectivas como los dientes.

El Dipterus tenía placas óseas que protegían su cabeza y sus branquias.

Las aletas pectorales en forma de alas del Bothriolepis también estaban acorazadas, como su cabeza.

La estructura de la cola era similar a la de un tiburón.

Dipterus

Las escamas óseas cubrían la mayor parte de su cuerpo.

para permitir el movimiento. La armadura los protegía contra los depredadores. Solo los tiburones y otros grandes depredadores podían amenazarlos, ya que los temibles reptiles marinos de poderosas mandíbulas no aparecieron hasta 100 millones de años más tarde. Algunos de los placodermos, como el gran **Dunkleosteus**, del tamaño de un tiburón blanco, debían de tener pocos enemigos: tenían poderosas mandíbulas y unas placas óseas de unos 5 cm de grosor que actuaban como dientes. También es probable que estuvieran acorazados, como sistema de defensa.

Vida terrestre primitiva

Este fósil conserva la forma de una hoja de uno de los primeros árboles leñosos, que vivió hace unos 370 millones de años.

Fósil de Archaeopteris

El Sciadophyton *medía unos 5 cm de altura.*

Estas estructuras contenían las células masculinas y femeninas necesarias para formar nuevas plantas.

Las hojas pequeñas como escamas absorbían la luz solar y la usaban para convertir el aire y el agua en azúcar.

Sciadophyton

Asteroxylon

Los nervios que transportaban agua a través del tallo permitían que el Asteroxylon *creciera hasta 50 cm de altura.*

Hasta hace unos 500 millones de años, no había vida en la Tierra. Los continentes eran yermos como la superficie de Marte. Los primeros organismos terrestres fueron probablemente bacterias microscópicas que se acumularon en pequeñas masas. Después aparecieron los hongos, que vivían de la masa bacteriana y la descomponían para formar tierra, permitiendo que las plantas tempranas se mantuvieran enraizadas. Se han encontrado esporas de estas plantas en fósiles que se formaron hace unos 476 millones de años. Las plantas se parecían al *Aglaophyton* y al

Elkinsia

Las semillas *se guardaban dentro de estas estructuras.*

La Elkinsia *fue una de las primeras plantas en producir semillas en lugar de esporas, lo que le permitió crecer en lugares más secos.*

Estas cápsulas *en forma de huevo producían esporas que podían convertirse en nuevas plantas si caían sobre suelo húmedo.*

El Aglaophyton, *que vivía cerca de fuentes termales hace unos 396 millones de años, tenía tallos verdes en lugar de hojas.*

Aglaophyton

Los animales **primitivos** que respiraban aire eran pequeñas criaturas parecidas a **insectos**.

Estos nervios *llevaban agua y savia a través de la planta.*

Los Prototaxites, *que llegaban hasta los 8 m de altura, dominaban el paisaje hace 415 millones de años.*

Palaeocharinus

El Palaeocharinus *tenía ocho patas articuladas y un par de largos palpos sensoriales, como la mayoría de las arañas actuales.*

Prototaxites

Sciadophyton, plantas como el musgo que crecían en lugares húmedos. Las plantas desarrollaron unas venas que facilitaban que el agua y la savia fluyeran a través de los tallos, conectando las raíces y las hojas. Eso les permitió crecer, evolucionando hacia los árboles como el *Archaeopteris*, de 6 m de altura,

el primer árbol leñoso y de follaje espeso que formó grandes bosques. Mientras tanto, los hongos, las bacterias y las plantas proporcionaban alimento para los primeros animales terrestres, como el milpiés *Pneumodesmus*, que eran cazados a su vez por depredadores, como el *Palaeocharinus*.

Imponentes árboles

Este fragmento de hoja fosilizado tenía una base en forma de corazón.

Macroneuropteris

Walchia

Esta conífera temprana tenía un tronco alto y recto y hojas cortas en forma de aguja.

Lepidodendron

La corteza de este árbol con escamas gigante tenía un característico patrón de diamante.

A pesar de sus hojas de helecho, el Alethopteris *producía semillas en lugar de esporas.*

Alethopteris

| Alethopteris | Lepidodendron |

Aunque se conoce como la era de los peces, el Devónico también vio la transformación de los hábitats terrestres gracias a la vida vegetal. Los primeros árboles leñosos aparecieron a finales del Devónico, hace unos 385 millones de años, y se expandieron para formar los primeros bosques. En los siguientes 85 millones de años, durante todo el período Carbonífero, los árboles y otras plantas colonizaron la Tierra y crearon hábitats para la vida animal. Muchas de estas plantas crecieron en pantanos y, al morir, sus restos formaron una turba que

Semilla de Paripteris

Hoja de Paripteris

Los helechos como el Paripteris *fueron algunas de las primeras plantas en desarrollar semillas.*

La caída *de las hojas dejaba unas cicatrices que formaban un patrón tipo panal en la corteza.*

Esta planta *primitiva se parecía a un helecho arborescente.*

El *Glossopteris* formó bosques **exuberantes** en el continente **antártico**.

Glossopteris *significa «lengua», y describe la forma de la hoja.*

Las hojas *fosilizadas eran muy parecidas a las hojas de los helechos actuales.*

Wattieza

Sigillaria

Glossopteris

Hoja de Neuropteris

finalmente se convirtió en carbón. Algunos árboles, como el ***Sigillaria*** y el ***Lepidodendron***, se parecían a los actuales, pero eran parientes de musgos y helechos. Podían crecer hasta una gran altura: el *Lepidodendron* llegaba a 40 m o más.

Muchas plantas se parecían al equisetum y a los helechos con esporas actuales, pero otras, como el ***Alethopteris*** y el ***Paripteris***, tenían verdaderas semillas. A finales del Carbonífero, plantas como la ***Walchia*** habían evolucionado en las primeras coníferas con aspecto de pino.

Los artrópodos

Sus ojos compuestos *eran como los de los insectos adultos actuales.*

La roca *formada de barro de grano fino ha conservado las alas de esta libélula primitiva.*

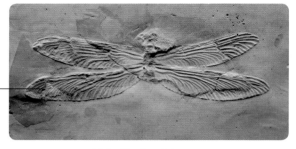

Fósil de *Tupus*

Cada ala *era una delgada placa de quitina, reforzada con unos ejes llamados venas.*

Los **insectos** volaron unos 250 millones de años antes que las aves.

Meganeura

El Meganeura *tenía una cola de colores vistosos.*

Fósil de *Cyclophthalmus*

Las patas articuladas *de un tipo de escorpión extinto son claramente visibles en este fósil hallado en Europa central.*

Bosques de árboles altísimos se extendieron por la Tierra hace entre 358 y 299 millones de años. Proporcionaron alimento a muchos pequeños herbívoros, incluso a animales como gusanos, cuyas madrigueras se han encontrado fosilizadas. Pero la mayoría de los animales terrestres fosilizados de este período eran artrópodos: criaturas con esqueletos externos duros y patas articuladas, como los insectos, las arañas y los crustáceos actuales. Se incluían los primeros milpiés, como el ***Euphoberia***, e insectos herbívoros como el ***Archimylacris***, un tipo de

Los milpiés como el Euphoberia fueron algunos de los primeros animales que vivieron totalmente en tierra firme.

Este insecto de 310 millones de años usaba sus apéndices bucales perforadores para succionar la savia de las plantas.

Como todos los primeros insectos voladores, el Stenodictya volaba con dos pares de alas como las de las libélulas.

Stenodictya

Fósil de *Euphoberia*

Fósil de *Archimylacris*

Las pinzas largas y delgadas de este escorpión son muy parecidas a las de los escorpiones actuales más venenosos.

Fósil de *Gallio*

Esta cucaracha, que vivió hace 300 millones de años, se alimentaba de material vegetal en descomposición en el suelo del bosque.

Un fósil muy bien conservado revela bandas oscuras en las alas del Lithomantis.

Su larga cola probablemente terminaba en un potente aguijón para defenderse y matar a las presas.

Fósil de *Lithomantis*

cucaracha. Estos eran cazados por depredadores como ciempiés, arañas primitivas, escorpiones como el **Cyclophthalmus** e insectos como el **Meganeura**. Los bosques estaban llenos de estos animales, especialmente de insectos que, en una época anterior a las aves, eran los únicos animales capaces de volar. Muchos pasaban la mayor parte de su vida como ninfas bajo el agua o en la tierra, antes de emerger como adultos alados. Igual que las actuales libélulas, probablemente tenían una vida adulta muy corta, pero han sobrevivido millones de años como fósiles.

GIGANTE VOLADOR
Algunos de los insectos más espectaculares que jamás hayan existido volaron por los exuberantes bosques del Carbonífero, hace unos 300 millones de años. Eran meganisópteros, parientes extintos de las libélulas, pero mucho más grandes. El fósil de mayor tamaño, el *Meganeura*, muestra unas alas de una envergadura de hasta 69 cm, casi cuatro veces el tamaño de las libélulas actuales más grandes.

Igual que sus homólogos modernos, el *Meganeura* era un cazador de insectos. Probablemente usaba la misma técnica, atacando presas en el aire y atrapándolas con sus patas. Después, usaba sus poderosas mandíbulas para morder la dura armadura de su presa hasta alcanzar la carne. El *Meganeura* ponía sus huevos en el agua, y cuando las larvas salían del cascarón, vivían bajo el agua durante varios años antes de emerger para convertirse en insectos voladores adultos. El enigma es cómo podía crecer hasta llegar a ser mucho más grande que cualquier libélula actual. Una teoría es que los niveles más altos de oxígeno en la atmósfera permitían que los insectos crecieran más de lo que lo hacen ahora.

Primeros anfibios

Sus pies palmeados *servían principalmente como remos para nadar.*

Este animal *pertenecía a un grupo de anfibios que tenían un cuerpo parecido al de las serpientes.*

Acanthostega

Su piel era un camuflaje *para protegerse de los depredadores.*

Panderichthys

Crassigyrinus

Sus pequeñas *extremidades se cree que solo se usaban para nadar.*

Eryops

Aunque era un pez, el Panderichthys *probablemente respiraba aire.*

Todos los **vertebrados** terrestres actuales, incluidos nosotros, descienden de estos animales.

Su esqueleto *sólido se adaptó para la vida en tierra firme.*

Los primeros animales terrestres de cuatro patas eran anfibios, parecidos a las ranas y salamandras actuales. Sus antepasados eran peces del Devónico como el **Panderichthys** y el **Eusthenopteron**, que tenían huesos inusualmente fuertes que sostenían las cuatro aletas debajo del cuerpo. Algunos de estos peces, los antepasados inmediatos de los tetrápodos, se desarrollaron para sobrevivir fuera del agua utilizando sus pulmones y la boca para respirar. El **Acanthostega** y el **Tiktaalik** podrían haber vivido al menos parcialmente en tierra. Hace aproximadamente

Phlegethontia

Tiktaalik

Las fuertes aletas óseas evolucionaron en patas.

Fósil de Seymouria

El cráneo de Seymouria era inusualmente grande y fuerte.

Una poderosa cola lo propulsaba por el agua.

Eusthenopteron

Su cuerpo estaba protegido por grandes escamas.

Amphibamus

Las largas extremidades anteriores y posteriores eran del mismo tamaño.

358 millones de años, anfibios como el ***Amphibamus*** habían desarrollado unos pies adecuados, pero aún tenían que mantener la piel húmeda para sobrevivir. También tenían que regresar al agua para poner sus huevos, porque los huevos de todos los anfibios son como los de los peces, y se secan si no se ponen en lugares húmedos. Con el tiempo, los anfibios similares al ***Eryops*** y al ***Seymouria*** evolucionaron en un grupo mejor adaptado para vivir en tierra firme: los primeros reptiles.

El origen de los reptiles

Mesosaurus

Este animal *acuático vivía como un anfibio, pero había desarrollado huevos como los de los reptiles.*

Proterogyrinus

Las fuertes placas *óseas ayudaban a este herbívoro a protegerse de los depredadores.*

El cráneo ancho *y fuerte probablemente se adaptó para excavar.*

Scutosaurus

El *Westlothiana* se llama así por **West Lothian**, Escocia, donde se hallaron sus fósiles.

Las patas *fuertes y parecidas a pilares sostenían al animal elevado del suelo.*

Procolophon

El cuerpo esbelto *y las piernas cortas podrían ser una adaptación para excavar madrigueras.*

Sus escamas *impedían que la humedad corporal se perdiera a través de la piel.*

Los primeros anfibios podían vivir en tierra firme, pero perdían la humedad a través de su delgada piel y tenían que poner sus huevos en el agua o en lugares húmedos. Durante el Carbonífero, algunos animales parecidos a anfibios como el **Proterogyrinus** y el **Westlothiana** desarrollaron huevos cubiertos con caparazones que retenían la humedad, de modo que podían ponerse en lugares secos. También desarrollaron una piel más gruesa cubierta de escamas que impedían que el cuerpo perdiera humedad. Eran los antepasados de los primeros reptiles, como

Spinoaequalis

El **Spinoaequalis** *vivía en el agua pero regresaba a tierra firme para reproducirse.*

*Sus **pies** estaban bien adaptados para la vida terrestre.*

El **Hyperodapedon**, *un herbívoro parecido a un cerdo, tenía un pico afilado como una navaja.*

Hyperodapedon

Igual que *los cocodrilos actuales, el* Mesosaurus *cazaba en el agua.*

Westlothiana

Stagonolepis

Pariente de los dinosaurios, este reptil acorazado comía una gran variedad de alimentos.

el ***Spinoaequalis*** y el ***Mesosaurus***, que darían lugar a lagartos, serpientes y cocodrilos. Este nuevo tipo de vertebrado estaba perfectamente equipado para colonizar la tierra seca durante el período Pérmico, una era de enormes desiertos que comenzó hace 299 millones de años. Los reptiles pérmicos incluían una variedad de herbívoros como el ***Scutosaurus*** acorazado y otros cazadores de dientes afilados. Algunos sobrevivieron a la catastrófica extinción masiva del final del Pérmico y se convirtieron en los antepasados de los dinosaurios.

Reptiles de todo tipo

Effigia

Este sinápsido tenía un cuerpo en forma de barril.

Moschops

Varanops

La «vela» probablemente servía para impresionar, pero también podía ayudar a absorber o perder calor.

Sus largas patas le permitían perseguir a sus presas.

El Dimetrodon *tenía dientes caninos como dagas delante para desgarrar la carne, y numerosos dientes afilados en la parte posterior.*

Dimetrodon

Placerias

Los dos grandes dientes caninos como colmillos probablemente servían para cavar.

Ophiacodon

El Ophiacodon *semiacuático usaba sus poderosas extremidades como remos.*

Mucho antes de los primeros dinosaurios, hace unos 320 millones de años, algunos reptiles evolucionaron en animales conocidos como sinápsidos, que darían origen a los mamíferos. Los primeros de estos animales, los *Ophiacodon* y los *Varanops*, tenían extremidades que se extendían como las de los lagartos. Algunos, como el depredador *Dimetrodon* y el *Edaphosaurus*, herbívoro, tenían grandes «velas» en el lomo. Más tarde, hace unos 299 millones de años, estos animales parecidos a reptiles dieron lugar al grupo de los dicinodontes. El *Placerias* fue uno de los más grandes.

El Postosuchus *tenía una gran cabeza.*

Una armadura *de pequeñas placas óseas le protegía la espalda.*

Esbelto y ágil, *el* Effigia *corría sobre dos patas como un pájaro.*

Sus poderosas *mandíbulas, como las de un cocodrilo, estaban llenas de dientes afilados.*

Postosuchus

Las mandíbulas *de este herbívoro estaban llenas de numerosos dientes romos.*

Edaphosaurus

Algunos animales similares sobrevivieron a la catastrófica extinción masiva del final del Pérmico y evolucionaron en cinodontes, que se convirtieron en los antepasados de los mamíferos modernos. Mientras tanto, la saga de los reptiles había dado origen a los arcosaurios, el grupo de animales que después incluiría cocodrilos, pterosaurios, dinosaurios y aves. Algunos de los arcosaurios más poderosos del Triásico, como el **Postosuchus**, fueron los principales depredadores de su tiempo. Otros, incluido el **Effigia**, eran muy similares a los primeros dinosaurios.

CAZADOR HAMBRIENTO

Oculto bajo su piel escamosa, muy parecida a los helechos de su entorno, un *Arizonasaurus* hambriento y con «vela» persigue una manada de dicinodontes herbívoros, parientes de los mamíferos. Los reptiles como los *Arizonasaurus* fueron la principal amenaza para los herbívoros en el período Triásico medio, antes de la evolución de los grandes dinosaurios depredadores.

Los primeros dinosaurios evolucionaron en el Triásico, pero no eran los reptiles gigantes con los que estamos familiarizados. El mundo Triásico estaba dominado por reptiles diferentes, como el *Arizonasaurus*. Eran arcosaurios, como los dinosaurios, pero habían evolucionado a lo largo de generaciones hasta parecer cocodrilos que caminaban elevados del suelo.

Muchos tenían enormes mandíbulas y dientes, y eran capaces de cazar a cualquier animal. El *Arizonasaurus* pertenecía a un grupo de arcosaurios que tenían grandes «velas» en el lomo, sostenidas por huesos que se extendían desde la columna vertebral. Su función es incierta, pero podría haberles servido para impresionar a la hora de competir con otros animales.

LA ERA DE LOS DINOSAURIOS

Primeros dinosaurios

*El **Eoraptor** tenía dos tipos diferentes de dientes, lo que indica que comía tanto animales pequeños como plantas.*

Eoraptor

Herrerasaurus

*El **cráneo largo** y estrecho tenía una mandíbula llena de grandes dientes serrados adaptados para comer carne.*

Cada mano tenía cinco dedos, pero solo tres de los dedos tenían garras.

Nyasasaurus

Los restos fósiles incompletos hacen difícil saber si el Nyasasaurus era un auténtico dinosaurio.

Aunque los dinosaurios fueron los animales terrestres más grandes y espectaculares, en sus inicios eran más pequeños. Hace unos 240 millones de años, a principios del Triásico, los reptiles más grandes eran los poderosos arcosaurios, parecidos a los cocodrilos. Tenían unos parientes más pequeños con el cuerpo delgado y las patas largas, como el *Marasuchus*, que medía solo 70 cm de largo. El *Silesaurus*, más grande y parecido a un dinosaurio, tenía una estructura similar, y se alimentaba de plantas y animales pequeños. Estas criaturas ligeras y

Este pariente cercano de los primeros dinosaurios tenía un cuerpo muy delgado y ligero.

Marasuchus

Silesaurus

Sus brazos relativamente cortos muestran que este animal corría sobre sus patas traseras, como los primeros dinosaurios.

Los restos **fósiles** de *Eoraptor* son de los más **antiguos** que se conocen.

Las extremidades delanteras largas se usaban para caminar, pero el Silesaurus probablemente podía levantarse sobre sus patas traseras.

ARCOSAURIOS ÁGILES

Los primeros dinosaurios y sus parientes cercanos eran todos arcosaurios y compartían características que los hacen difíciles de diferenciar. Todos tenían patas largas, una estructura ágil y huecos en el cráneo llenos de aire.

Los arcosaurios tenían una cuenca ocular grande.

Las articulaciones de su cadera eran similares a las nuestras.

Uno de los huesos de la pata del dinosaurio era muy delgado.

Thecodontosaurus

El Thecodontosaurus *medía aproximadamente 2 m de largo y tenía un cuerpo voluminoso.*

Usaba las manos para recoger comida.

ágiles estaban muy relacionadas con animales como el **Nyasasaurus**, que podría haber sido uno de los primeros dinosaurios. Los primeros dinosaurios de verdad, como el **Eoraptor**, vivieron hace unos 230 millones de años y eran probablemente omnívoros. Pronto dieron origen a depredadores especializados como el **Herrerasaurus**, así como a herbívoros como el **Thecodontosaurus**. Estos animales fueron los antepasados de los dinosaurios gigantes que dominaron la vida terrestre durante los siguientes 140 millones de años.

Prosaurópodos

Los fósiles de este prosaurópodo gigante se encontraron en la provincia de La Rioja, en Argentina.

Riojasaurus

Massospondylus

Tenía las mandíbulas llenas de dientes pequeños en forma de hoja con los bordes serrados para poder cortar la vegetación.

Su cuello largo y flexible estaba bien adaptado para buscar entre el follaje de los árboles.

Sus fuertes patas traseras soportaban todo el peso del dinosaurio, dejando sus manos libres.

Seitaad

Restos de **Seitaad**, que significa «monstruo de arena» en idioma navajo, se encontraron cerca del Gran Cañón, EE. UU.

Su pesada cola equilibraba el cuerpo del dinosaurio por las caderas y le permitía llegar fácilmente a los árboles.

Poco después de los primeros dinosaurios en el Triásico medio (hace alrededor de 230-225 millones de años), estos animales comenzaron a diversificarse. Algunos se especializaron en comer plantas. Desarrollaron cuellos largos que les ayudaban a alcanzar los árboles, pero sus cabezas se mantuvieron pequeñas. Uno de los primeros, el *Saturnalia*, medía solo 1,8 m de largo, pero sus parientes crecerían mucho más; a finales del Triásico, el *Riojasaurus* medía unos 10 m de largo y pesaba tanto como un elefante. Estos dinosaurios fueron

Anchisaurus

Con solo 2 m de largo, este delgado y ligero dinosaurio era uno de los prosaurópodos más pequeños.

Probablemente tenía la piel moteada para camuflarse entre las sombras de los bosques del Triásico.

Plateosaurus

Sus manos eran fuertes para poder agarrar ramas y acercarlas hasta las mandíbulas.

Saturnalia   Riojasaurus

Encontrado en China, este prosaurópodo del tamaño de un caballo era un pariente cercano del Plateosaurus.

Lufengosaurus

Se han encontrado **fósiles** de *Plateosaurus* en más de **50 lugares** de Europa.

Saturnalia

Ligero y ágil, el Saturnalia probablemente corría por el bosque como un gran pavo salvaje.

los antepasados de los enormes saurópodos, y se conocen como prosaurópodos. Eran bípedos, equilibraban el peso con su larga cola y usaban los brazos cortos para comer. El **Plateosaurus** tenía unas manos fuertes con cuatro dedos y un poderoso pulgar en forma de garra, que le servía como arma de defensa. Cuando cerraba las mandíbulas, sus dientes superiores se superponían a los inferiores, y cortaban hojas como las cuchillas de unas tijeras. El material vegetal duro y fibroso se procesaba en un gran sistema digestivo para extraer el máximo alimento posible.

63

Saurópodos

Camarasaurus

Se han descubierto muchos fósiles de Camarasaurus bien conservados en América del Norte.

Los huesos de las extremidades anteriores eran muy fuertes y ayudaban a soportar el considerable peso del cuerpo.

Su enorme estómago podía contener muchas hojas.

Sauroposeidon

Este dinosaurio con aspecto de jirafa estiraba su cabeza bien arriba para alimentarse.

Brontomerus

Este dinosaurio tenía los músculos del muslo excepcionalmente grandes, posiblemente para defenderse dando una fuerte patada.

Apatosaurus

Barapasaurus

El Barapasaurus medía unos 18 m de largo y vivía en los bosques de India.

Los huesos de su mano estaban dispuestos verticalmente para formar una columna de soporte del peso.

Con su cuerpo del tamaño de un autobús y su cuello y cola alargados, los saurópodos eran los dinosaurios más grandes que se han paseado por la Tierra. Estos gigantes eran herbívoros, y probablemente tenían que comer constantemente para alimentarse. Los primeros aparecieron hace unos 200 millones de años y eran similares al *Barapasaurus*. A diferencia de sus antepasados prosaurópodos, usaban los brazos para sostenerse, y sus manos se convirtieron en pies que soportaban el peso. Aun así, muchos probablemente podían erguirse sobre sus patas

El **Brontomerus** *era un macronariano, un tipo de saurópodo con una nariz muy grande en comparación con su cráneo.*

Cientos de dientes se alineaban en la parte delantera del característico hocico en forma de pala.

Nigersaurus

Las larguísimas espinas del cuello probablemente eran para impresionar a rivales y compañeros de raza.

Giraffatitan

El **Nigersaurus** *solía mantener el cuello en alto, pero podía bajarlo para alimentarse de plantas pequeñas.*

Amargasaurus

Spinophorosaurus

El *Giraffatitan* era **dos veces más alto** que una jirafa actual.

Este saurópodo tenía un apéndice con púas al final de la cola, posiblemente para defenderse o pelear con rivales.

Las extremidades anteriores del Giraffatitan *eran muy largas y le permitían llegar muy alto.*

El Apatosaurus *tenía una cola larga, parecida a un látigo.*

Sus enormes pies tenían que soportar una gran cantidad de peso corporal, como cuatro elefantes.

Amargasaurus   *Sauroposeidon*

traseras para alimentarse de los árboles. Otros, como el **Sauroposeidon** y el **Giraffatitan**, tenían brazos largos que les permitían elevar los hombros mucho más que las caderas para llegar a los árboles altos sin levantar los brazos. Los dientes simples de los saurópodos se adaptaron para morder o arrancar hojas de los árboles, pero no para masticar. Se tragaban las hojas y su enorme sistema digestivo las procesaba. Algunos, como el **Nigersaurus** tenían dientes más complejos en la parte delantera de sus amplios hocicos, que tal vez les servían para comer plantas a nivel del suelo.

Cuellos móviles

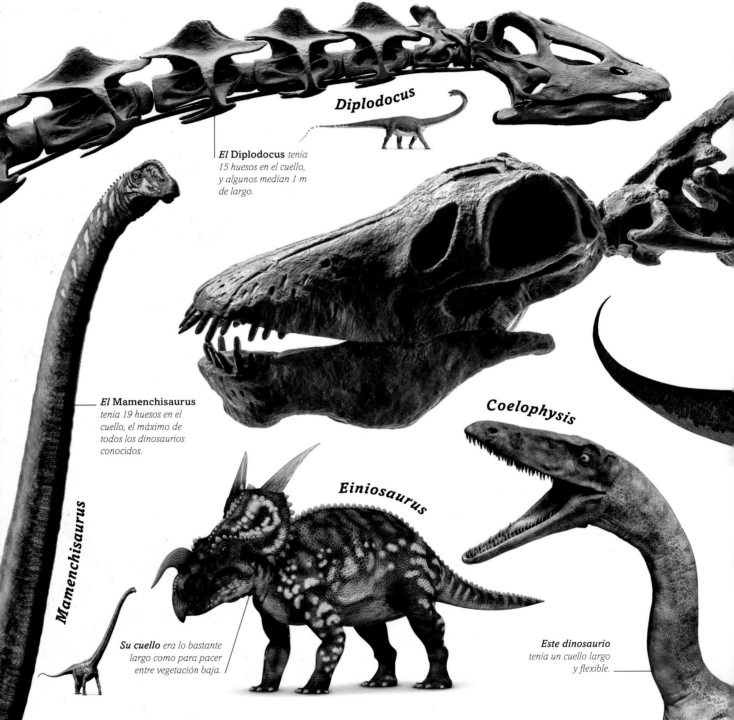

Diplodocus

El **Diplodocus** *tenía 15 huesos en el cuello, y algunos medían 1 m de largo.*

El **Mamenchisaurus** *tenía 19 huesos en el cuello, el máximo de todos los dinosaurios conocidos.*

Coelophysis

Einiosaurus

Mamenchisaurus

Su cuello era lo bastante largo como para pacer entre vegetación baja.

Este dinosaurio tenía un cuello largo y flexible.

Algunos dinosaurios, especialmente los saurópodos herbívoros, tenían un cuello tan asombrosamente largo que es difícil imaginar cómo levantaban la cabeza.

El cuello del *Mamenchisaurus* podía medir hasta 18 m de largo, ocho veces más que el de una jirafa. Las vértebras del dinosaurio estaban llenas de cavidades vacías para que fueran más ligeras, y esto les permitía llegar a las hojas de los árboles altos. Los depredadores pequeños y ágiles,

Los huesos del cuello del Amargasaurus tenían espinas óseas que formaban una cresta puntiaguda.

Amargasaurus

Aunque el cuello del Tyrannosaurus era bastante corto, tenía unos poderosos músculos que ayudaban a sostener su enorme cabeza.

Tyrannosaurus

Los saurópodos tenían el cuello más largo que cualquier animal conocido.

Stegosaurus

La parte inferior de su cuello estaba protegida por placas óseas ocultas en la piel.

como el **Coelophysis**, tenían cuellos en S que podían enderezarse en un instante para atrapar presas pequeñas. Los grandes cazadores, como el **Tyrannosaurus**, tenían cuellos robustos y fuertes para sostener sus enormes cráneos y mandíbulas con que desgarrar a sus presas. Pero la mayoría de los ornitisquios, como el **Stegosaurus** y el **Einiosaurus**, tenían cuellos cortos, adecuados para alimentarse de la vegetación baja.

Titanosaurios

El larguísimo cuello del Patagotitan le permitía coger hojas de las copas de los árboles o alimentarse de la vegetación del suelo.

Sus dientes probablemente tenían forma de cuchara y eran bastante pequeños, adecuados para morder los tallos de las hojas.

El **Dreadnoughtus**, *de 30 m de largo, era otro animal gigantesco con un gran apetito. Su nombre significa «no teme a nada».*

Dreadnoughtus

El cuerpo de este pequeño titanosaurio de cuello corto estaba acorazado con placas óseas, cada una de hasta 12 cm de ancho.

Saltasaurus

Hasta hace muy poco, los científicos creían que los saurópodos gigantes se habían extinguido casi por completo al final del período Jurásico, hace 145 millones de años. Pero desde la década de 1980, se han descubierto muchos fósiles de saurópodos que demuestran que sobrevivieron y evolucionaron hasta el final de la era de los dinosaurios. Estos saurópodos tardíos se conocen como titanosaurios. El nombre es engañoso, porque sugiere que todos eran gigantes. Ciertamente eran grandes, y algunos de ellos colosales: el **Patagotitan**, por ejemplo,

Patagotitan

GIGANTE COLOSAL

Descubierto en 2008 en la Patagonia, Argentina, los huesos del *Patagotitan* son tan grandes que su longitud total se estima en 37 m, con un peso equivalente a 12 elefantes africanos. Solo la ballena azul pesa más.

Los titanosaurios tenían colas largas, pero no tanto como las colas de muchos saurópodos anteriores.

Este es uno de los pocos titanosaurios que se ha conservado con un cráneo fósil, por eso sabemos que tenía un hocico corto.

Malawisaurus

A pesar del inmenso peso de este animal, caminaba sobre las puntas de los huesos de las manos.

podría ser el animal terrestre más grande que haya existido. Otros titanosaurios, sin embargo, como el **Saltasaurus** y el **Malawisaurus**, no eran más grandes que los actuales elefantes, un tamaño pequeño en comparación con los saurópodos. Durante los 80 millones de años de su existencia, los titanosaurios desarrollaron diferentes formas de cabeza y cuerpo, adecuadas para una amplia variedad de hábitos de alimentación. Aun así, todos eran herbívoros, especializados en devorar grandes cantidades de hojas y otros vegetales. Los fósiles sugieren que vivían en manadas.

La piel probablemente estaba cubierta con escamas pequeñas y algunas grandes.

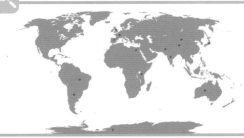
Patagotitan

Los osteodermos óseos incrustados en la piel del lomo de este animal parece que eran una característica común de muchos titanosaurios, y algunos estaban aun más acorazados.

Ampelosaurus

La mayor parte del peso del Patagotitan estaba soportado por sus patas traseras, con los pies acolchados en forma de cuña como los de los elefantes.

En muchos sentidos, los titanosaurios eran como los saurópodos, con cuellos largos, colas largas y cuerpos voluminosos apoyados sobre las cuatro extremidades. En gigantes como el **Patagotitan** y el **Puertasaurus**, su longitud, volumen y especialmente el peso se acercaban al máximo posible para un animal terrestre. Pero tenían otras características más distintivas. Sus manos estaban mejor adaptadas para soportar el peso que las de los saurópodos, y los titanosaurios como el *Saltasaurus* y el **Nemegtosaurus** no tenían huesos en los dedos sino unas estructuras como pilares

Saltasaurus   Patagotitan

Puertasaurus

Con su largo cuello, el *Puertasaurus* podía alcanzar los alimentos a más de 15 m de altura.

El cuello de este titanosaurio gigante medía unos 9 m de largo, y su longitud total podía llegar hasta los 30 m.

Nemegtosaurus

No se ha encontrado nunca el cráneo de este dinosaurio, y los científicos lo han reconstruido basándose en los restos fósiles de sus parientes cercanos.

Conocido a partir de una sola calavera encontrada en el desierto de Gobi de Mongolia, este titanosaurio tiene 70 millones de años, lo que lo convierte en uno de los últimos dinosaurios gigantes de la Tierra.

con los mismos huesos que forman las palmas de nuestras manos. Los titanosaurios tenían un pecho muy ancho, de modo que sus extremidades anteriores estaban muy separadas; las huellas de titanosaurio fosilizadas son fáciles de reconocer porque las marcas de sus pies están muy separadas.

Muchos titanosaurios también tenían una característica distinta a los saurópodos: armadura corporal. La piel del ***Ampelosaurus***, por ejemplo, estaba cubierta de placas y espinas óseas duras llamadas osteodermos, que servían para protegerla de los dientes de los grandes depredadores.

Huellas y rastros

Halladas en Mongolia, estas huellas **gigantes** de titanosaurios miden hasta **2 m** de ancho.

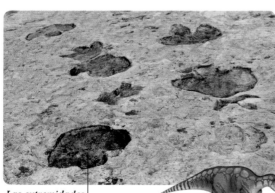

Las extremidades delanteras y traseras dejaban huellas de diferentes tamaños.

Iguanodon

Ankylosaurus

Los huesos fosilizados pueden decirnos mucho sobre cómo eran los dinosaurios, pero no tanto sobre cómo vivían. Las huellas fosilizadas, sin embargo, muestran cómo caminaban y corrían los dinosaurios y si vivían solos o en grupo. Una única huella solo nos dice qué tipo de animal la dejó; la información más interesante proviene de los rastros: conjuntos de pisadas dejadas por animales en movimiento. El ángulo y la separación de las huellas muestra cómo colocaban los pies. La separación revela también la longitud del paso, y si esta varía indica

Titanosaurio

🔍 LONGITUD DEL PASO

Si sabemos la longitud de las patas de un dinosaurio, la longitud de su paso indicada por un rastro de huellas nos puede mostrar la rapidez con que se movía. Y también cuándo aceleraba o desaceleraba.

Corriendo
I — D — I
Longitud del paso: 5,7 m

Caminando
I — D — I
Longitud del paso: 2,7 m

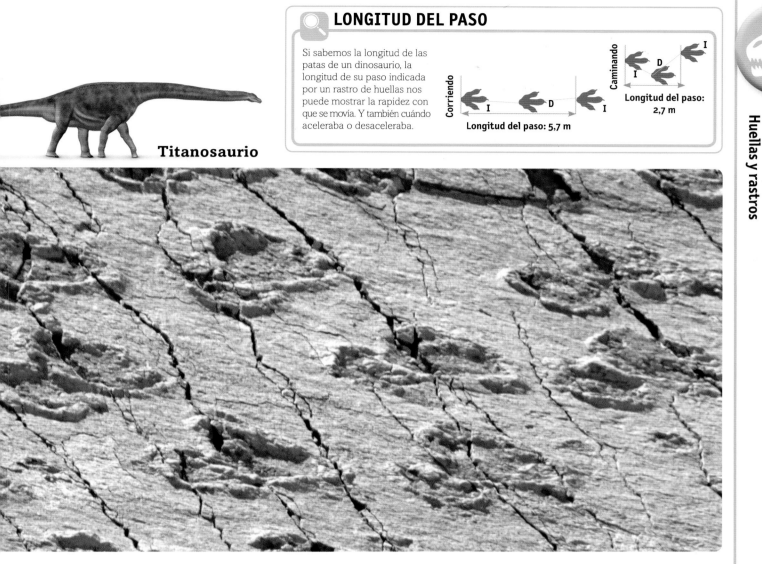

Apatosaurus

Coelophysis

Las huellas de tres dedos son típicas de los terópodos cazadores.

Acrocanthosaurus

un cambio de velocidad. Las huellas pequeñas y grandes halladas juntas podrían ser de una familia, mientras que un patrón complejo de huellas superpuestas podría ser la prueba de una manada entera en movimiento. Un rastro de hace 113 millones de años en Texas, EE. UU.,

puede incluso interpretarse como una historia, pues parece ser de un gran saurópodo perseguido por un cazador, posiblemente el poderoso terópodo **Acrocanthosaurus**. En un punto las huellas convergen, tal vez revelando el sitio exacto donde tuvo lugar el ataque.

73

Estegosaurios

El **Loricatosaurus**, *un dinosaurio de tamaño mediano, vivió en Inglaterra y Francia en el Jurásico.*

Loricatosaurus

Dacentrurus

Las placas planas *en forma de diamante estaban cubiertas con una dura capa de piel.*

Chialingosaurus

Con 4 m de largo, *el* Huayangosaurus *era uno de los estegosaurios más pequeños.*

Este dinosaurio *de China es una de las especies más antiguas de estegosaurio.*

Huayangosaurus

Sus patas *delanteras eran más cortas que las traseras, así que tenía la cabeza cerca del suelo.*

Con una doble hilera de placas alargadas, puntiagudas y óseas que recorren todo el lomo y la cola, el *Stegosaurus* es uno de los dinosaurios más fáciles de reconocer. Pero este era solo uno de los muchos estegosaurios que vivieron durante el Jurásico y principios del Cretácico en Estados Unidos, Europa, India, China y el sur de África. Todos los estegosaurios tenían placas y espinas en el lomo, y muchos, como el **Dacentrurus** y el **Kentrosaurus**, también tenían espinas en los hombros. Es probable que estas las utilizaran como defensa, mientras que

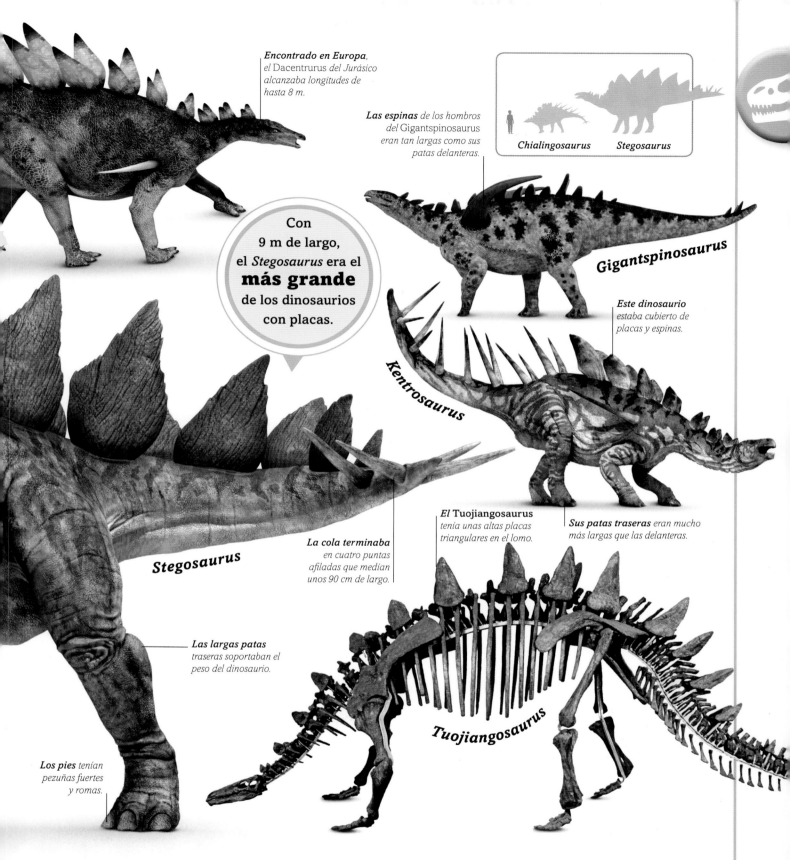

Encontrado en Europa, el Dacentrurus *del Jurásico alcanzaba longitudes de hasta 8 m.*

Las espinas de los hombros del Gigantspinosaurus *eran tan largas como sus patas delanteras.*

Chialingosaurus   Stegosaurus

Con
9 m de largo,
el *Stegosaurus* era el
más grande
de los dinosaurios
con placas.

Gigantspinosaurus

Este dinosaurio estaba cubierto de placas y espinas.

Kentrosaurus

El Tuojiangosaurus *tenía unas altas placas triangulares en el lomo.*

Sus patas traseras eran mucho más largas que las delanteras.

Stegosaurus

La cola terminaba en cuatro puntas afiladas que medían unos 90 cm de largo.

Las largas patas traseras soportaban el peso del dinosaurio.

Tuojiangosaurus

Los pies tenían pezuñas fuertes y romas.

las espinas del extremo de la cola servían para atacar a los depredadores. En cambio, las espectaculares placas podían ser de colores brillantes para atraer a una pareja. Todos los estegosaurios eran herbívoros, con la boca estrecha y con pico, adecuada para recoger las partes más nutritivas de arbustos bajos y otras plantas. En relación con su tamaño, también tenían el cerebro más pequeño que cualquier otro dinosaurio: el *Stegosaurus* del tamaño de un elefante, tenía un cerebro que no era más grande que el de un perro.

Tipos de colas

Las duras espinas en la punta de la cola podían matar fácilmente a un atacante.

El **Caudipteryx** *tenía una cola corta y rígida con un característico abanico de plumas.*

Caudipteryx

Huayangosaurus

El peso de su cola ayudaba al Spinosaurus a mantener el equilibrio en la tierra y en el agua.

Spinosaurus

El dinosaurio más grande que se ha encontrado tenía una cola delgada y móvil para apartar a los enemigos.

Aunque tenía estructura de pájaro, el Caudipteryx *tenía las extremidades anteriores cortas y no podía volar.*

Patagotitan

Sinosauropteryx

Los restos de células de color en los fósiles de este pequeño cazador muestran que su cola tenía un patrón de bandas claras y oscuras.

Lesothosaurus

Los grandes músculos en la base de la cola ayudaban a impulsar las patas del dinosaurio.

Shunosaurus

Las afiladas espinas de la cola la convertían en un arma efectiva para defenderse.

Largas, con púas, con plumas o como porras... las colas de los dinosaurios tenían diferentes usos. Las de la mayoría de los grandes dinosaurios eran largas y óseas con músculos muy fuertes. Estas pesadas colas ayudaban a equilibrar el peso de la cabeza y la parte superior del cuerpo. Eso era muy importante para los dinosaurios como el ***Xiongguanlong***, que caminaban sobre sus patas traseras. El saurópodo ***Patagotitan***, sin embargo, podía mover de lado su larga cola como un látigo con suficiente fuerza para derribar a un depredador.

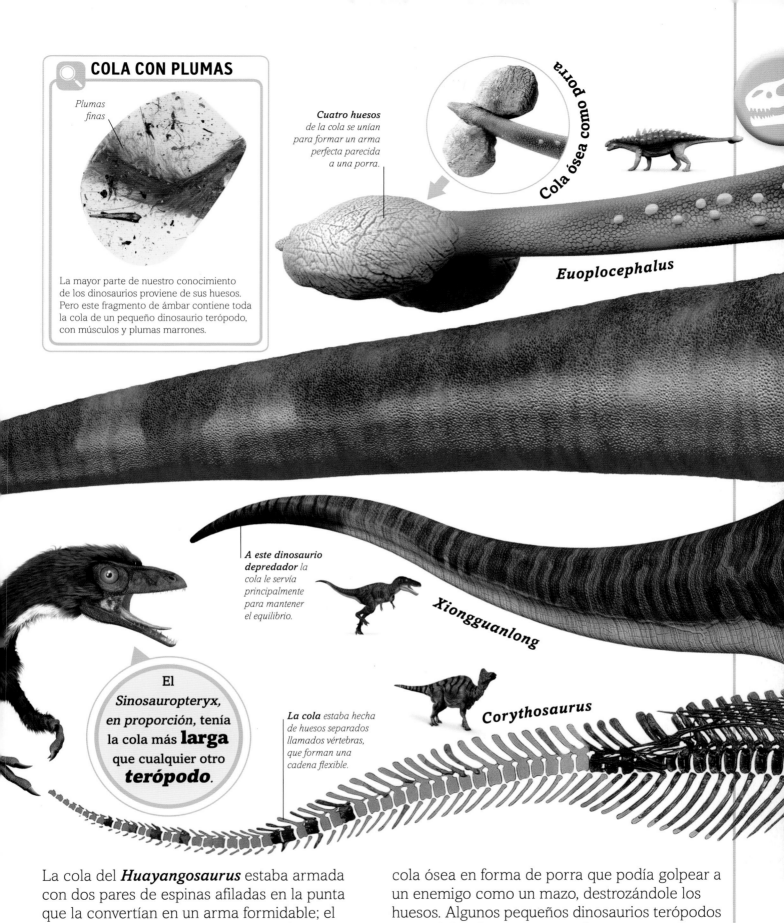

Cuatro huesos de la cola se unían para formar un arma perfecta parecida a una porra.

Cola ósea como porra

Euoplocephalus

A este dinosaurio depredador la cola le servía principalmente para mantener el equilibrio.

Xiongguanlong

El *Sinosauropteryx,* en proporción, tenía la cola más **larga** que cualquier otro **terópodo**.

La cola estaba hecha de huesos separados llamados vértebras, que forman una cadena flexible.

Corythosaurus

La cola del **Huayangosaurus** estaba armada con dos pares de espinas afiladas en la punta que la convertían en un arma formidable; el saurópodo de tamaño mediano **Shunosaurus** tenía un apéndice similar. Algunos anquilosaurios como el **Euoplocephalus** tenían una enorme cola ósea en forma de porra que podía golpear a un enemigo como un mazo, destrozándole los huesos. Algunos pequeños dinosaurios terópodos como el **Caudipteryx** tenían colas cortas con plumas, igual que las aves actuales, que les servían para mantener el equilibrio o para atraer a una pareja.

ESPINAS MORTALES
Para un depredador hambriento como el *Ceratosaurus*, que vivió en América del Norte y Europa hace unos 155 millones de años, un estegosaurio grande y lento como el *Dacentrurus* era un blanco tentador. Las espinas de su lomo y cola eran imponentes, pero ¿podían causar algún daño? Moviéndose para lanzar su ataque, el *Ceratosaurus* pronto lo descubriría, y del modo más doloroso.

Un agujero en el hueso de la cola de otro depredador del Jurásico, el *Allosaurus*, resultó que encajaba perfectamente con una espina de cola de *Stegosaurus*. Es probable que el estegosaurio se defendiera de un ataque moviendo la cola como una porra con púas. El *Dacentrurus* tenía exactamente lo mismo, dos pares de espinas fuertes y afiladas en el extremo de la cola. Si un enemigo como el *Ceratosaurus* intentaba acercarse por detrás, una táctica depredadora común, se encontraba con una sorpresa desagradable. Con un rápido movimiento de la cola, el estegosaurio podía hacerle mucho daño, cegar o incluso matar al cazador. Quizá era un herbívoro de movimientos lentos, pero el *Dacentrurus* sabía cuidarse.

Anquilosaurios

Pinacosaurus

La cola estaba cubierta con placas afiladas como cuchillas.

Sauropelta

Su cuerpo era plano y ancho, lo que dificultaba el ataque de los depredadores.

El primer **dinosaurio** encontrado en la **Antártida** fue el anquilosaurio *Antarctopelta*.

Los restos de este dinosaurio fueron descubiertos en Asia: tenía un cuerpo largo con hileras de espinas óseas en el lomo.

Ankylosaurus

La cola en forma de porra era de hueso sólido.

Saichania

Talarurus

Sus patas delanteras estaban protegidas por tachones y placas.

Los anquilosaurios, protegidos de la cabeza a la cola, aparecieron hace unos 175 millones de años. Eran herbívoros de movimientos lentos, y sin su armadura habrían sido objetivos fáciles para los depredadores. Los primeros, como el *Scelidosaurus* tenían el cuerpo cubierto de placas óseas y tachones lo bastante fuertes como para romper los dientes de cualquier dinosaurio que les atacara. Pero a medida que los depredadores se hicieron más grandes y más poderosos, los anquilosaurios como el *Saichania* desarrollaron una gruesa armadura que habría desanimado

Hungarosaurus

Hungarosaurus   Ankylosaurus

El Hungarosaurus *estaba cubierto de hileras de espinas.*

Gargoyleosaurus

El **Sauropelta** *tenía largas espinas en el cuello.*

Las placas acorazadas protegían la cabeza de algunos anquilosaurios.

Las placas óseas estaban incrustadas en la gruesa piel.

El Ankylosaurus *incluso tenía los párpados acorazados.*

Como muchos anquilosaurios, solo el vientre estaba desprotegido.

Scelidosaurus

El pico de este ancestro de anquilosaurio tenía los bordes afilados para poder cortar plantas.

incluso a los tiranosaurios de grandes mandíbulas. Igual que muchos otros, como el ***Ankylosaurus***, el *Saichania* también tenía una cola fuerte en forma de porra para golpear a los depredadores. Otros, como el ***Sauropelta***, tenían espinas largas en los hombros que podrían ser para impresionar y para defenderse. Muchos tenían la boca ancha, ideal para recoger una gran cantidad de alimentos vegetales sin ser demasiado selectivos, como los elefantes actuales. Tenían un gran sistema digestivo para procesar su dieta fibrosa.

Sistemas de defensa

La cola ósea en forma de porra de este anquilosaurio podía hacer mucho daño al lanzarla contra un atacante.

Cola de *Euoplocephalus*

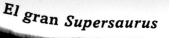

El gran *Supersaurus*

Con un tamaño de seis elefantes adultos, el Supersaurus *debía de tener pocos enemigos.*

Las espinas hacían que este herbívoro pareciera más grande y peligroso de lo que realmente era.

Garras del *Alxasaurus*

El Alxasaurus *tenía unas garras largas y afiladas como cuchillos.*

La vida era peligrosa para muchos dinosaurios. Se enfrentaban a grandes depredadores: feroces terópodos carnívoros con enormes mandíbulas y mucho apetito. Para algunos dinosaurios gigantes como el **Supersaurus**, su tamaño era suficiente para que los cazadores eligieran objetivos más fáciles. Por su parte, los dinosaurios pequeños tenían que esconderse o huir, como el **Struthiomimus**, que se parecía a un avestruz. Las cerdas duras en el lomo del **Heterodontosaurus** disuadían a sus enemigos, como las púas de los puercoespines. El gran herbívoro **Kentrosaurus**

Su lomo estaba cubierto de cerdas espinosas.

Algunas de las espinas de adorno medían hasta 60 cm de largo.

Cerdas del Heterodontosaurus

El **cuerno nasal** del *Styracosaurus* podía medir hasta 57 cm de largo.

Cuernos de Styracosaurus

Struthiomimus veloz

Con sus largas patas, el Struthiomimus podía correr más rápido que la mayoría de sus enemigos.

El cráneo reforzado de un paquicefalosaurio podía usarse como arma para luchar.

Cabeza del Pachycephalosaurus

Espinas del Kentrosaurus

Las espinas extralargas de los hombros lo protegían de ataques laterales.

(«lagarto con espinas») estaba bien acorazado con placas y espinas. Podía usar su cola de pinchos como arma de defensa, como el *Euoplocephalus* que tenía cola de porra, arremetiendo contra un atacante. El *Styracosaurus* tenía una gran variedad de cuernos, muy útiles para luchar.

Otros, como el *Alxasaurus*, tenían unas garras largas y curvas en las manos que podían causar mucho daño, y el *Pachycephalosaurus* podía arremeter contra sus enemigos con su cráneo reforzado. A veces, el ataque era la mejor defensa.

Iguanodontes

Ouranosaurus

El **Ouranosaurus** *tenía una característica «vela» similar a una aleta que recorría toda la espina dorsal.*

Dryosaurus

El **Dryosaurus**, *del tamaño de una oveja, tenía los pies largos y las patas traseras delgadas y fuertes, lo que sugiere que era un corredor rápido.*

Tenontosaurus

Camptosaurus

Su hocico afilado servía para recoger alimentos vegetales.

Las tres garras *largas y afiladas de sus manos le permitían al* Tenontosaurus *atacar a un depredador.*

Su mano *tenía un pulgar en forma de púa afilada que servía para clavarla a los atacantes o para arrancar plantas resistentes.*

Entre los primeros fósiles de dinosaurios que se descubrieron e identificaron, estaba el diente de un *Iguanodon*, uno de los mayores ornitópodos herbívoros. Se encontró en Inglaterra en 1822, y se le dio el nombre de «diente de iguana» por su similitud con los dientes más pequeños y en forma de hoja de las iguanas actuales. Más tarde, se encontraron muchos esqueletos completos de *Iguanodon*, al menos 38 en un yacimiento en Francia, así que debió de ser un animal muy común hace 135-125 millones de años. Pero el *Iguanodon* fue uno de los muchos

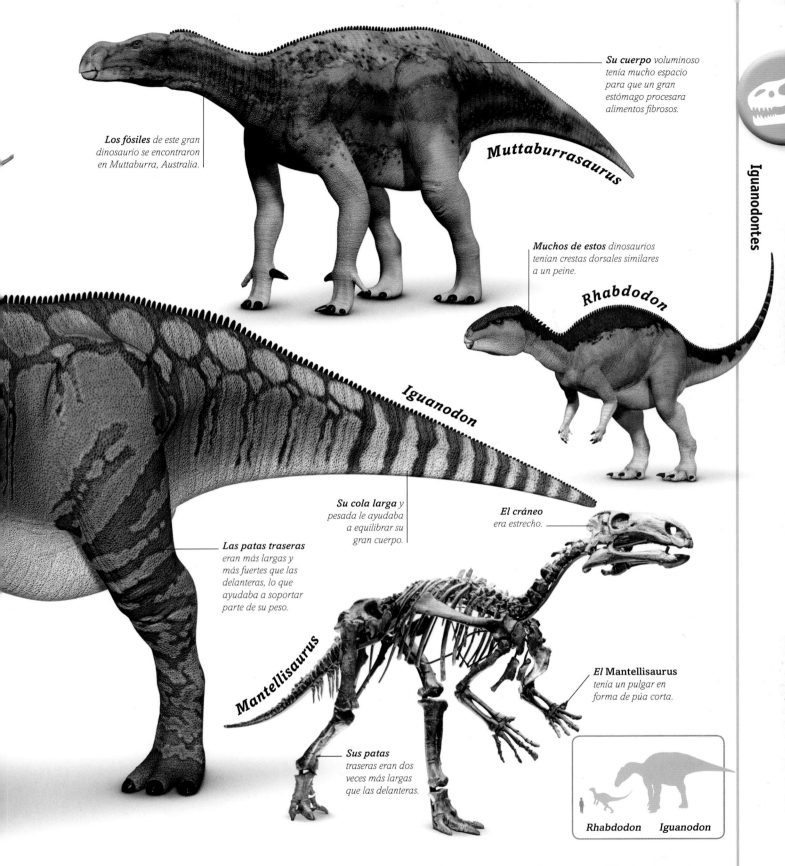

Su cuerpo voluminoso tenía mucho espacio para que un gran estómago procesara alimentos fibrosos.

Muttaburrasaurus

Los fósiles de este gran dinosaurio se encontraron en Muttaburra, Australia.

Muchos de estos dinosaurios tenían crestas dorsales similares a un peine.

Rhabdodon

Iguanodon

Su cola larga y pesada le ayudaba a equilibrar su gran cuerpo.

El cráneo era estrecho.

Las patas traseras eran más largas y más fuertes que las delanteras, lo que ayudaba a soportar parte de su peso.

Mantellisaurus

El Mantellisaurus tenía un pulgar en forma de púa corta.

Sus patas traseras eran dos veces más largas que las delanteras.

Rhabdodon **Iguanodon**

dinosaurios de esta familia. Todos tenían fuertes patas traseras y brazos más cortos y débiles, y los más pequeños como el **Dryosaurus** se cree que eran bípedos. Muchos, como el **Tenontosaurus**, el **Muttaburrasaurus** y el *Iguanodon*, del tamaño de un elefante, eran más robustos y soportaban parte de su peso con las extremidades anteriores. Aun así, sus manos estaban adaptadas para una gran variedad de tareas, con los dedos medios en forma de pezuña, un quinto dedo móvil para agarrar y una fuerte púa en el pulgar que servía como arma defensiva.

Herbívoros

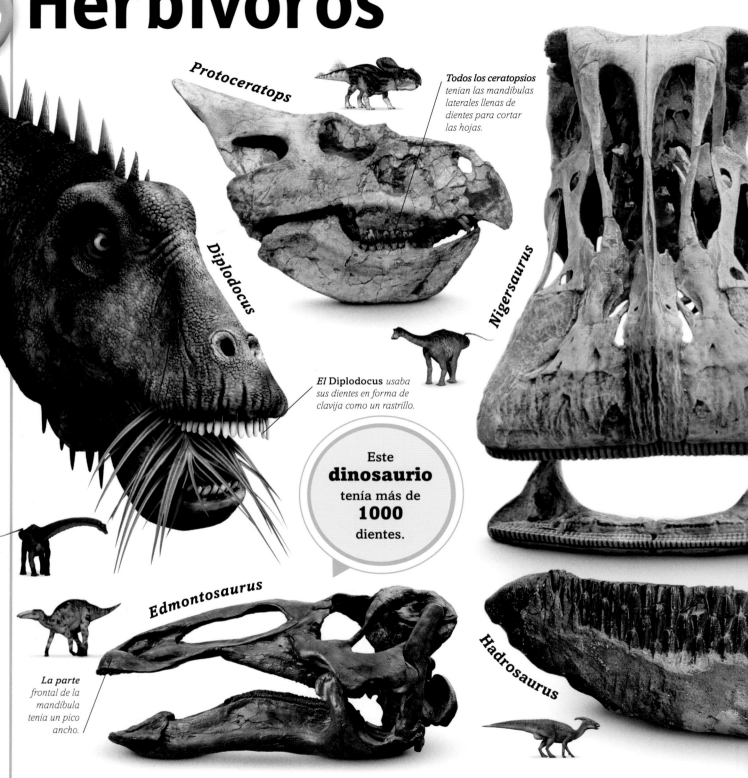

Protoceratops

Todos los ceratopsios *tenían las mandíbulas laterales llenas de dientes para cortar las hojas.*

Diplodocus

Nigersaurus

El **Diplodocus** *usaba sus dientes en forma de clavija como un rastrillo.*

Este **dinosaurio** tenía más de **1000** dientes.

Edmontosaurus

Hadrosaurus

La parte frontal de la mandíbula tenía un pico ancho.

Los dinosaurios herbívoros usaban los dientes de distintas formas. Los saurópodos de cuello largo y sus parientes, como el *Diplodocus*, tenían dientes frontales especializados en recoger plantas. Algunos usaban sus dientes como peines para arrancar las hojas de las ramas de árboles y arbustos. Parece que muchos no masticaban la comida, y se tragaban las hojas enteras. Otros herbívoros como el *Edmontosaurus* y el *Psittacosaurus* tenían un pico afilado para recoger alimentos, y muelas adaptadas para masticarlos. Los dientes de algunos de estos animales, como

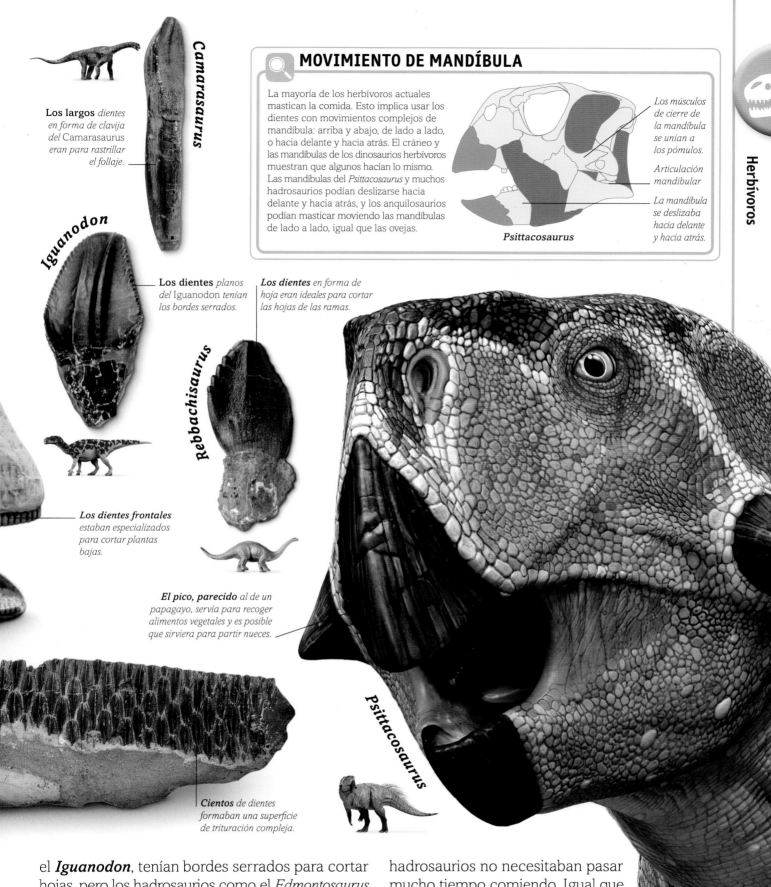

Camarasaurus

Los largos *dientes en forma de clavija del Camarasaurus eran para rastrillar el follaje.*

Iguanodon

Los dientes *planos del Iguanodon tenían los bordes serrados.*

Los dientes *en forma de hoja eran ideales para cortar las hojas de las ramas.*

MOVIMIENTO DE MANDÍBULA

La mayoría de los herbívoros actuales mastican la comida. Esto implica usar los dientes con movimientos complejos de mandíbula: arriba y abajo, de lado a lado, o hacia delante y hacia atrás. El cráneo y las mandíbulas de los dinosaurios herbívoros muestran que algunos hacían lo mismo. Las mandíbulas del *Psittacosaurus* y muchos hadrosaurios podían deslizarse hacia delante y hacia atrás, y los anquilosaurios podían masticar moviendo las mandíbulas de lado a lado, igual que las ovejas.

Los músculos de cierre de la mandíbula se unían a los pómulos.

Articulación mandibular

La mandíbula se deslizaba hacia delante y hacia atrás.

Psittacosaurus

Rebbachisaurus

Los dientes frontales *estaban especializados para cortar plantas bajas.*

El pico, parecido *al de un papagayo, servía para recoger alimentos vegetales y es posible que sirviera para partir nueces.*

Psittacosaurus

Cientos *de dientes formaban una superficie de trituración compleja.*

el ***Iguanodon***, tenían bordes serrados para cortar hojas, pero los hadrosaurios como el *Edmontosaurus* tenían cientos de dientes agrupados que formaban una superficie similar a una lima, para reducir hojas y otros materiales vegetales a una papilla. Así, la comida era más fácil de digerir, por lo que los hadrosaurios no necesitaban pasar mucho tiempo comiendo. Igual que en todos los dinosaurios, los dientes viejos y dañados se reemplazaban continuamente por otros nuevos, así que nunca se les desgastaban.

Hadrosaurios

Saurolophus

Lambeosaurus

La peculiar cresta de la cabeza variaba su forma con la edad.

La cresta se inclinaba hacia atrás.

La cresta podía medir hasta 1 m de largo y se sostenía por un hueso hueco.

Edmontosaurus

Algunos Edmontosaurus tenían la cabeza plana.

El hocico era largo y ancho.

El Hadrosaurus medía unos 9 m de largo.

Las evidencias fósiles muestran que el Edmontosaurus tenía la piel escamosa con grandes bultos.

Hadrosaurus *Shantungosaurus*

Los hadrosaurios existieron en el período Cretácico, hace entre 100 y 66 millones de años. Vivían en los bosques y pantanos de Norte y Sudamérica, Europa y Asia. Eran grandes herbívoros, y muchos de ellos tenían un pico ancho parecido al de un pato que usaban para cortar hojas. Similares a los iguanodontes, pero con dientes y mandíbulas más complejos, los hadrosaurios tenían la mandíbula llena de cientos de dientes que formaban una lima. Estos dientes molían y reducían los vegetales a una papilla jugosa y fácil de digerir, asegurando que un

Maiasaura

La cresta en forma de casco era de colores brillantes para impresionar a posibles parejas.

El lomo tenía una cresta ósea prominente.

Los fósiles del Maiasaura joven muestran que, igual que todos los animales jóvenes, tenía la cabeza, los ojos y los pies muy grandes hasta que se desarrollaba el resto del cuerpo.

Corythosaurus

Con unos 15 m de longitud, es el hadrosaurio más grande conocido.

Parasaurolophus

Shantungosaurus

Su mandíbula tenía más de 1500 dientes para masticar.

Hadrosaurus

El *Hadrosaurus* fue el **primer dinosaurio** desenterrado en América del Norte.

Sus pequeñas patas delanteras no soportaban mucho peso.

hadrosaurio, como el ***Edmontosaurus***, obtuviera la mayor nutrición posible de cada bocado. Muchos hadrosaurios, como el ***Lambeosaurus***, también tenían una impresionante cresta en la cabeza que podría ser para atraer a posibles parejas o para controlar la temperatura. La cresta de algunos, como el ***Parasaurolophus***, formaba tubos óseos que ayudaban a amplificar sus llamadas, sonando como trompas de elefantes. Vivían en manadas, y se llamaban entre ellos para mantener el contacto mientras vagaban por los bosques del mundo del Cretácico.

Llamativas crestas

Corythosaurus *significa* «lagarto con casco», en referencia a su gran cresta en forma de casco.

Corythosaurus

El *Parasaurolophus* tenía la **cresta más larga** que cualquier otro: 1 m de largo.

Una espectacular cresta hueca que se extiende desde la nariz y podría haber sido usada como una trompeta.

La cresta *de este cazador se extendía por casi todo su hocico.*

Dos crestas planas se extendían a lo largo de la parte superior del hocico.

Monolophosaurus

Parasaurolophus

Dilophosaurus

El cráneo de muchos dinosaurios tenía una estructura ósea que podía soportar impresionantes crestas. Los huesos formaban unas estructuras de resistente queratina, como los cuernos de las vacas o las ovejas, o cubiertas por piel de colores. Algunas de las crestas más espectaculares eran las de los hadrosaurios, como el ***Corythosaurus***, el ***Olorotitan*** y especialmente el ***Parasaurolophus***. Los huesos de estas crestas eran huecos, tal vez para hacer los sonidos más fuertes, ya que las cámaras de las crestas de muchos hadrosaurios

En la parte superior del cráneo había una fina lámina de hueso que se curvaba hacia delante.

La piel que cubría la cresta en forma de abanico probablemente era de colores brillantes.

Cryolophosaurus

Olorotitan

Llamativas crestas

Una estructura ósea sostenía su dura cresta de queratina.

Lambeosaurus

La extraña cresta en forma de hacha se curvaba hacia delante sobre el cráneo.

Citipati

estaban unidas a sus fosas nasales. Pero los hadrosaurios no eran los únicos dinosaurios con cresta. Varios terópodos depredadores también la tenían, como el **Dilophosaurus** de doble cresta y un dinosaurio encontrado en la Antártida, el **Cryolophosaurus**. Las crestas también eran características de los ovirraptóridos con pico similares a las aves, como el **Citipati**. Todas estas extensiones óseas eran para impresionar, igual que las coloridas plumas de muchas aves modernas.

Huevos de dinosaurio

Huevo de saurópodo

Este huevo de dinosaurio tenía el tamaño de una pelota de baloncesto.

El nido era un montículo de tierra lleno de helechos y ramitas.

Nido de *Maiasaura*

Diminutos al principio, los dinosaurios crecían muy rápidamente.

Saltasaurus

Se encontraron miles de **huevos de *Saltasaurus*** en un yacimiento de nidos: eran de hace 80 MA.

Igual que sus parientes vivos más cercanos, aves y cocodrilos, todos los dinosaurios ponían huevos. Tenían cáscaras duras y calcáreas como los huevos de pájaro, y en algunos yacimientos fósiles el suelo está cubierto de fragmentos de cáscaras. Si los huevos están intactos, es que fueron puestos en nidos en el suelo. Los dinosaurios más grandes, como los *saurópodos*, parece que enterraban sus huevos en tierra caliente o bajo montones de vegetación en descomposición, como los cocodrilos actuales. El calor era esencial para que nacieran las crías.

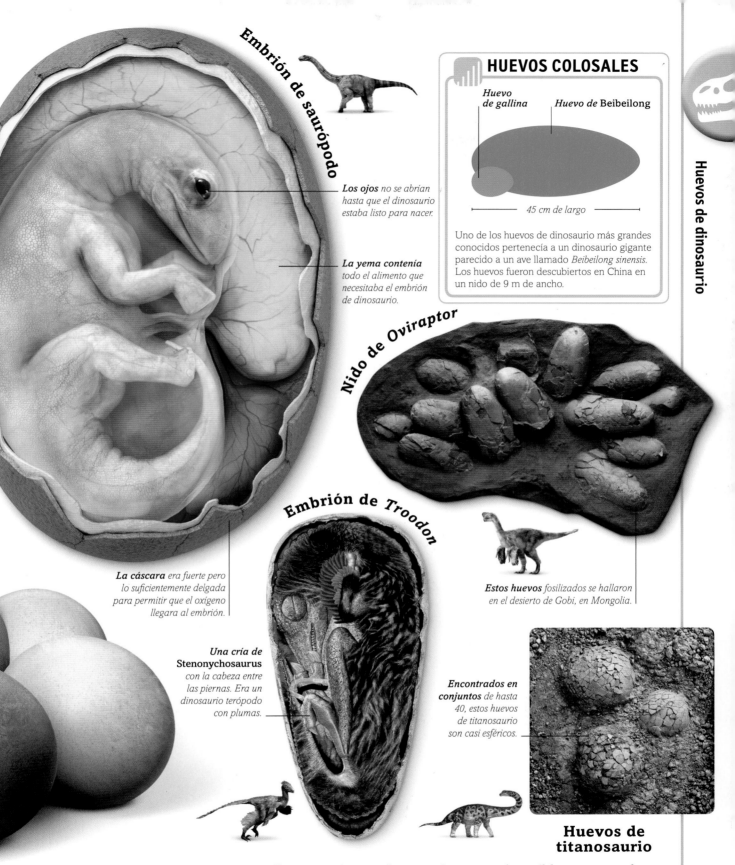

Embrión de saurópodo

Los ojos *no se abrían hasta que el dinosaurio estaba listo para nacer.*

La yema *contenía todo el alimento que necesitaba el embrión de dinosaurio.*

HUEVOS COLOSALES

Huevo de gallina

Huevo de Beibeilong

45 cm de largo

Uno de los huevos de dinosaurio más grandes conocidos pertenecía a un dinosaurio gigante parecido a un ave llamado *Beibeilong sinensis*. Los huevos fueron descubiertos en China en un nido de 9 m de ancho.

Nido de Oviraptor

La cáscara *era fuerte pero lo suficientemente delgada para permitir que el oxígeno llegara al embrión.*

Embrión de Troodon

Una cría de **Stenonychosaurus** *con la cabeza entre las piernas. Era un dinosaurio terópodo con plumas.*

Estos huevos *fosilizados se hallaron en el desierto de Gobi, en Mongolia.*

Encontrados en conjuntos *de hasta 40, estos huevos de titanosaurio son casi esféricos.*

Huevos de titanosaurio

Muchos de los dinosaurios más pequeños y ligeros, como el *Oviraptor*, mantenían calientes sus huevos poniéndose encima, igual que la mayoría de las aves modernas. Se sabe porque se han hallado fósiles de dinosaurios adultos sobre sus huevos. Los dinosaurios terópodos con plumas y brazos largos (los manirraptores) posiblemente usaban sus largas plumas «ala» para incubar y proteger sus huevos. Los adultos de algunos dinosaurios como el hadrosaurio *Maiasaura* («buena madre lagarto») cuidaban a sus crías, les llevaban comida y ahuyentaban a los depredadores.

NIDO DE DINOSAURIOS
Hace unos 125 millones de años, un catastrófico flujo de lodo o una caída de cenizas volcánicas en el actual este de China inundó un nido de pequeños *Psittacosaurus*. Fueron enterrados junto con un joven adulto de solo seis años. Encontrado en 2004, sus fósiles muestran que las crías eran cuidadas después de salir del cascarón, y que su cuidador podría no ser su progenitor.

Muchos animales actuales, desde los pájaros hasta los lobos, viven en familias extensas donde los jóvenes ayudan a sus padres a cuidar a las crías. Algunas aves, como las avestruces, también ponen los huevos en nidos comunales y allí cuidan a sus crías. El nido de *Psittacosaurus* contenía una gran familia de 34 crías. Parece probable que fueran de más de una madre, y que los cuidara el hermano mayor de algunas de las crías. Si es así, este tipo de nidos podría haber sido común entre los dinosaurios. El *Psittacosaurus* era un ceratopsio temprano, un antepasado de animales como el *Triceratops*. Tal vez estos gigantes cornudos cuidaban a sus crías de la misma manera.

Paquicefalosaurios

Homalocephale   Pachycephalosaurus

Acrotholus

Tenía numerosas espinas pequeñas en la cabeza, el hocico y las mejillas.

Stegoceras

El saliente óseo era característico de todos los paquicefalosaurios.

Descubierto en Canadá en 2013, el Acrotholus medía aproximadamente 1,8 m de largo.

Los cuernos largos podrían ser para impresionar más que para pelear.

Las cuencas grandes indican que estos dinosaurios tenían buena visión.

Stygimoloch

El pico afilado servía para recoger hojas, frutas y posiblemente insectos.

Las manos pequeñas eran útiles para recolectar alimentos.

Dracorex

También conocidos como «cabeza de hueso», en referencia a sus cráneos grandes y fuertes, los paquicefalosaurios eran dinosaurios de aspecto extraño. El más grande de ellos era el *Pachycephalosaurus*. Solo su cráneo, el más grande descubierto, tenía hasta 40 cm de grosor y estaba rodeado de pequeñas espinas óseas. Es probable que el cráneo protegiera el cerebro del animal de los impactos en las peleas. Pero no todos los paquicefalosaurios tenían la misma forma de cráneo. El *Homalocephale*, algo más pequeño, tenía la cabeza plana, y el *Stygimoloch*

El cráneo plano no estaba bien adaptado para resistir un impacto.

Homalocephale

El Prenocephale tenía una cabeza redondeada e inclinada.

Prenocephale

Pachycephalosaurus

Sus largas y fuertes patas traseras soportaban el peso del dinosaurio.

Solo se ha **descubierto** un **cráneo** de *Pachycephalosaurus* hasta ahora.

CRÁNEO DURO

La parte superior del cráneo era hueso sólido.

El cráneo del *Pachycephalosaurus* era 20 veces más grueso que el de otros dinosaurios y alojaba un cerebro relativamente pequeño. El hueso a menudo tiene muestras de lesiones, lo que respalda la teoría de que usaban el cráneo para luchar a cabezazos.

tenía una pequeña cúpula con cuernos largos. Algunos científicos piensan que estos animales más pequeños son especímenes jóvenes de *Pachycephalosaurus*. Aunque los restos fósiles de estos dinosaurios son muy raros, se han hallado bastantes para deducir que eran animales rápidos y ágiles. Los fósiles también muestran que tenían dientes en forma de hoja, como otros dinosaurios herbívoros, y dientes afilados y puntiagudos en la parte frontal de la mandíbula, lo que sugiere que comían una variedad de alimentos de origen vegetal y animal.

Ceratopsios

Psittacosaurus *Triceratops*

Unos cuernos *rectos surgían de la gorguera ósea del dinosaurio.*

La gorguera *tenía un ribete de púas.*

El característico cuerno *en forma de gancho parecía el de un rinoceronte.*

Einiosaurus

La enorme gorguera *estaba adornada con púas.*

Los largos cuernos *sobre los ojos se curvaban hacia delante.*

Pentaceratops

La gorguera *era increíblemente larga, y cubría la mayor parte del lomo.*

Tenía un pequeño *cuerno en cada mejilla.*

Pequeño *cuerno nasal.*

Torosaurus

Psittacosaurus

Este ceratopsio *del Cretácico temprano no tenía adornos ni cuernos elaborados.*

Con sus elaborados adornos en el cuello, enormes cuernos y pico parecido al del loro, los ceratopsios eran unos de los dinosaurios más espectaculares. El más conocido, el *Triceratops*, era un animal del tamaño de un elefante con tres cuernos de hasta 1,5 m de largo y una gran gorguera ósea que se extendía desde la parte posterior del cráneo. El *Pentaceratops* era aún más llamativo, con una gorguera enorme, probablemente de colores brillantes, bordeada de púas. Evolucionó a partir de ancestros más pequeños como el *Psittacosaurus*, que era lo bastante ligero

El adorno del cuello era circular.

El Nasutoceratops tenía unos extraños cuernos orientados hacia delante.

La gorguera solía ser piel de color sujetada por una estructura ósea.

Chasmosaurus

Nasutoceratops

Estos largos *cuernos tenían las puntas afiladas.*

Triceratops

El enorme pico *como el de un loro le permitía arrancar vegetación dura.*

Los cuernos *verticales y curvos le daban un aspecto diabólico.*

Diabloceratops

Las patas robustas *tenían unas duras pezuñas en cada dedo del pie.*

para caminar sobre dos patas, pero los gigantes posteriores necesitaban las cuatro para soportar su peso. Los ceratopsios eran herbívoros, tenían pico y unos dientes muy juntos que cortaban hojas duras como tijeras. Igual que todos los dinosaurios, los dientes desgastados se reemplazaban por otros nuevos. Los ceratopsios vivían en manadas para defenderse de los depredadores. Los fósiles sugieren que eran comunes en el oeste de América del Norte hace unos 74-66 millones de años. El *Triceratops* fue uno de los últimos dinosaurios gigantes en vagar por la Tierra.

99

CUERPO A CUERPO
Armado con su enorme cuerno nasal y su magnífica gorguera espinosa, el *Styracosaurus* debía de ser impresionante. Del tamaño y el peso de un rinoceronte, recorría los bosques de América del Norte hace 75-74 millones de años, alimentándose de vegetación baja. Su gran gorguera le cubría la parte posterior del cuello, y de ella salían seis largas espinas.

El *Styracosaurus* vivió en la misma región y época que los tiranosaurios *Gorgosaurus* y *Daspletosaurus*, unos formidables depredadores que debían de verle como una presa potencial. Al ser atacado, el *Styracosaurus* podía defenderse con el cuerno fuerte y afilado que tenía en la nariz. El espectacular adorno del cuello debía de tener poco valor defensivo, y probablemente servía para impresionar a otros dinosaurios de su especie. Los machos competían por el territorio y por sus parejas igual que los actuales bisontes y venados, y el macho con los cuernos más imponentes debía de tener pocos rivales. Pero si dos rivales estaban muy igualados, es probable que mantuvieran una lucha cuerpo a cuerpo hasta que uno se retiraba derrotado.

En manada

El **Corythosaurus** *probablemente usaba las vías aéreas de su cresta para hacer llamadas de alarma.*

Llamada de alarma del *Corythosaurus*

Grupo de *Lythronax* cazando

Atacado por detrás, *el Centrosaurus cornudo no tenía ninguna posibilidad de escapar.*

Un yacimiento con **miles** de fósiles de *Centrosaurus* muestra que es muy probable que vivieran en manada.

Los dinosaurios no vivían solos. Sabemos por sus huellas fosilizadas que muchos viajaban en grandes grupos, especialmente los saurópodos gigantes y otros herbívoros. Vivir en manada tenía muchas ventajas para los herbívoros como el ***Corythosaurus***; algunos animales podían concentrarse en comer mientras otros vigilaban y daban la alarma si detectaban un peligro. Además, los más vulnerables estaban protegidos por varios adultos, de modo que en manada tenían menos probabilidades de ser atacados que solos. Algunos carnívoros también

Viajar juntos en busca de comida hacía los desplazamientos largos menos peligrosos.

Manada de *Europasaurus* migrando

Uniendo fuerzas, los pequeños cazadores podían derribar presas más grandes.

Manada de *Deinonychus* cazando

El **Chasmosaurus** *defendía a sus crías formando un círculo protector y apuntando sus cuernos hacia el depredador.*

Daspletosaurus

Chasmosaurus en defensa

vivían en grupo. Mientras que los tiranosaurios como el ***Daspletosaurus*** probablemente cazaban solos, los más pequeños como el ***Lythronax*** unían sus fuerzas para abatir presas más grandes. Se han hallado varios esqueletos de ***Deinonychus*** del tamaño de un lobo cerca de los restos del gran herbívoro *Tenontosaurus*, lo que sugiere que fue atacado en manada. Seguramente no eran tan inteligentes para idear tácticas conjuntas, pero debieron de aprender por experiencia que tenían mayores posibilidades de alimentarse si todos apuntaban a la misma víctima.

Primeros terópodos

Liliensternus

Aunque el Liliensternus *tenía la misma constitución delgada y ágil que el Coelophysis, era dos veces más largo y mucho más fuerte.*

La cresta ósea *y ancha probablemente era de colores brillantes para impresionar a sus parejas y rivales.*

Los grandes músculos *que unían las patas del dinosaurio con la base de su pesada cola le daban más fuerza y velocidad.*

Cryolophosaurus

El *Cryolophosaurus* fue el **primer terópodo** que se descubrió en la Antártida.

Los enormes músculos *del muslo hacían que las patas traseras fueran muy fuertes, y esto daba al Cryolophosaurus la velocidad necesaria para atrapar a sus presas.*

Coelophysis

La cabeza esbelta *y el cuello flexible se adaptaron para capturar animales pequeños y de movimientos rápidos.*

Los terópodos corrían *sobre tres dedos, dejando unas peculiares huellas que a menudo se encuentran fosilizadas en las rocas.*

Los dinosaurios más fuertes y terroríficos eran los que cazaban a otros dinosaurios. Estos depredadores eran terópodos: animales bípedos que equilibraban su cuerpo y su pesado cráneo con su larga cola. Prosperaron mucho, evolucionando en muchos tipos diferentes a lo largo de la era Mesozoica y todavía hoy existen en forma de aves. Los primeros terópodos evolucionaron a finales del período Triásico, hace unos 230 millones de años, y eran animales pequeños y de constitución ligera. Pronto se convirtieron en cazadores esbeltos y ágiles como

Gasosaurus

Gojirasaurus

Tenía las mandíbulas llenas de dientes curvos, serrados y en forma de cuchilla que podían cortar carne y piel escamosa.

Todos los terópodos caminaban sobre sus fuertes patas traseras, dejando los brazos libres para atrapar presas.

Un cráneo inusualmente largo y unos dientes afilados y puntiagudos.

Dubreuillosaurus

Monolophosaurus

Los terópodos típicos tenían manos de tres dedos, armados con fuertes garras para atrapar presas.

El Monolophosaurus tenía una peculiar cresta llena de bultos.

Coelophysis   *Gojirasaurus*

el **Coelophysis**, uno de los terópodos primitivos que más prosperó, y su pariente cercano, el **Liliensternus**, un poco más grande. Mientras tanto, iban evolucionando cazadores mucho más fuertes, y en el período Jurásico temprano-medio, hace 200-165 millones de años, ya había grandes y poderosos terópodos como el **Cryolophosaurus** y el **Dubreuillosaurus**, del tamaño de un caballo. Este período también vio la evolución de los primeros cazadores gigantes, pero los famosos y temibles tiranosaurios no aparecieron hasta mucho más tarde.

Espinosaurios

La «vela» recorría todo el lomo y estaba sostenida por huesos en forma de varilla que medían hasta 1,8 m.

Baryonyx

Los mejores fósiles de *Spinosaurus* los **destruyó** un bombardeo durante la guerra en 1944.

El Baryonyx tenía una garra enorme y fuerte para agarrar peces.

Spinosaurus

El hocico largo y estrecho tenía dientes cónicos que eran perfectos para atrapar peces resbaladizos.

La «vela» ondulada de este dinosaurio tenía un surco en la cadera.

Ichthyovenator

En vez de una «vela», el Suchomimus *tenía una pequeña cresta que le bajaba por el lomo.*

Suchomimus

El Irritator *tenía una cresta ósea entre los dos ojos.*

Las grandes y afiladas garras curvadas del Suchomimus *le permitían agarrar bien a sus víctimas.*

Irritator

Irritator   Spinosaurus

El dinosaurio depredador más grande que se ha encontrado es el espectacular *Spinosaurus*. Con una longitud de hasta 14 m, este dinosaurio pertenecía a un pequeño grupo de cazadores similares con mandíbulas y dientes parecidos a los de un cocodrilo actual. Es probable que los usaran de la misma manera: para atrapar peces grandes en aguas poco profundas. Pero sabemos que también se comían a otros dinosaurios, porque se encontró un fósil de ***Baryonyx*** con los restos de un joven *Iguanodon* en su estómago.

Alosauroideos

Los restos de este dinosaurio *se descubrieron en América del Norte; desde el hocico hasta la cola podría alcanzar una longitud de 13 m.*

Diecinueve dientes *curvados y serrados alineados a cada lado de la mandíbula superior.*

Acrocanthosaurus

El Allosaurus *probablemente usaba su cráneo largo y estrecho como un hacha con dientes para descuartizar a sus víctimas.*

Allosaurus

Se han encontrado más de 40 **esqueletos** de *Allosaurus* en un yacimiento fósil en Utah, EE. UU.

El Allosaurus *tenía una enorme garra asesina.*

Sus brazos eran cortos *pero fuertes, adaptados para aferrarse a la presa durante un ataque.*

Saurophaganax

Como todos *los dinosaurios terópodos, estos cazadores rápidos y ágiles corrían sobre las puntas de los pies.*

Allosaurus   Saurophaganax

Los principales enemigos de los dinosaurios herbívoros durante el período Jurásico eran los temibles cazadores como el *Allosaurus*. Este gigante de 8,5 m tenía una boca con dientes como cuchillos afilados, ideal para cortar carne. Con el tiempo, evolucionaron depredadores aún más grandes y de características similares, como el colosal ***Saurophaganax***. Este gran cazador posiblemente era capaz de vencer a gigantescos saurópodos como el *Apatosaurus*, de 23 m de longitud, pues los fósiles de ambos se han hallado en las mismas rocas de América del Norte.

Dientes mortales

Las mandíbulas largas y los dientes puntiagudos son como los de un cocodrilo actual que se alimenta de peces.

Baryonyx

Los dientes pequeños y afilados le eran muy útiles para atrapar presas pequeñas.

Herrerasaurus

El **Velociraptor**, *parecido a un ave, tenía 56 afilados dientes, y como todos los dinosaurios, los dientes se renovaban constantemente.*

Velociraptor

Gran parte de lo que sabemos sobre los dinosaurios nos lo dicen sus dientes, que eran reemplazados constantemente, de modo que nunca se desafilaban. Los dientes de los terópodos típicos, como el *Duriavenator*, son claramente los de un carnívoro, y servían como armas y como herramientas para cortar. Eran cuchillas afiladas y serradas, ideales para infligir heridas cortantes a las presas y rebanar la carne de sus huesos. No servían para masticar, pero como la carne era fácil de digerir, podían tragársela entera. Diferentes tipos de dientes se adaptaban

Struthiomimus

Heterodontosaurus

Las mandíbulas *sin dientes debían de estar cubiertas por un pico.*

Estos enormes dientes *puntiagudos eran más fuertes que las finas cuchillas de los típicos carnívoros.*

El **Heterodontosaurus** *tenía unos largos colmillos en la parte delantera, pero dientes planos para masticar en la parte posterior.*

Estos dientes gruesos *y fuertes servían para romper huesos.*

Los dientes *estaban enraizados en los huesos de la mandíbula, que eran lo bastante fuertes para inmovilizar a presas resistentes.*

Daspletosaurus

Tyrannosaurus

Duriavenator

MOVIMIENTO DE MANDÍBULA

Los dinosaurios carnívoros no tenían que masticar la comida, así que no les hacía falta mover las mandíbulas de manera compleja. Pero las mandíbulas tenían que ser fuertes, especialmente las de los tiranosaurios que masticaban huesos, equipadas con enormes músculos para darles una mordida masiva y poderosa.

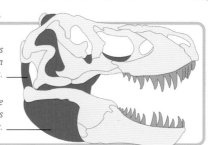

Estos pequeños músculos abrían la mandíbula.

La mandíbula se cerraba con unos músculos grandes.

a distintos tipos de presas. El ***Velociraptor*** tenía dientes como cuchillas, ideales para atacar y comerse a otros dinosaurios, pero los dientes puntiagudos de las mandíbulas del ***Baryonyx*** estaban adaptados para atrapar peces resbaladizos. Los enormes dientes afilados del ***Tyrannosaurus*** eran perfectos para morder huesos, mientras que el ***Struthiomimus***, parecido a un ave, no tenía dientes. Probablemente comía plantas o animales pequeños o ambas cosas. El ***Heterodontosaurus*** tenía diferentes tipos de dientes, lo que le permitía comer tanto animales como plantas.

109

Tiranosaurios

Alioramus

Tarbosaurus

La mandíbula era muy rígida, y le permitía agarrar bien a las presas.

Daspletosaurus

El **Tarbosaurus** *tenía los brazos más pequeños que cualquier otro tiranosaurio.*

El hocico ancho *le ayudaba a resistir la presión cuando mordía un hueso.*

El **Albertosaurus** *tenía cuernos óseos entre los ojos.*

Esta gran cola *equilibraba el peso de la enorme cabeza y las mandíbulas del Albertosaurus.*

Albertosaurus

Esta ligera cresta *probablemente era de colores brillantes, para impresionar.*

Sus largas patas *estaban adaptadas para la velocidad, lo que permitía lanzarse al ataque.*

Guanlong

Guanlong   Tyrannosaurus

Los tiranosaurios («lagartos tiranos») fueron los depredadores terrestres más poderosos que han existido en la Tierra. Estos terópodos aparecieron hace unos 160 millones de años y prosperaron hasta el fin de los dinosaurios. El más grande de todos era el ***Tyrannosaurus***, el gran y temible asesino. Sus armas eran sus dientes especializados. A diferencia de otros terópodos, que tenían dientes afilados pero frágiles, los tiranosaurios poseían unos dientes fuertes y puntiagudos soportados por los poderosos músculos de la mandíbula. Eso les daba la fuerza

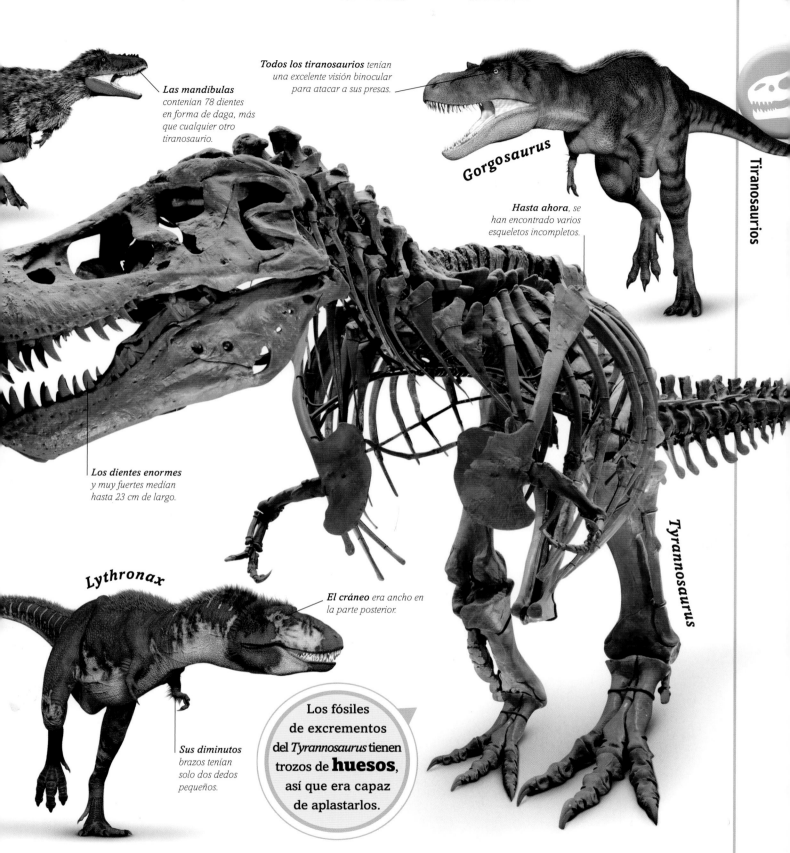

Las mandíbulas contenían 78 dientes en forma de daga, más que cualquier otro tiranosaurio.

Todos los tiranosaurios tenían una excelente visión binocular para atacar a sus presas.

Gorgosaurus

Hasta ahora, se han encontrado varios esqueletos incompletos.

Los dientes enormes y muy fuertes medían hasta 23 cm de largo.

Lythronax

El cráneo era ancho en la parte posterior.

Tyrannosaurus

Sus diminutos brazos tenían solo dos dedos pequeños.

Los fósiles de excrementos del *Tyrannosaurus* tienen trozos de **huesos**, así que era capaz de aplastarlos.

para morder directamente el hueso, y les permitía matar presas acorazadas que otros no se atrevían a atacar. Sus mandíbulas eran tan mortales que no necesitaban unas manos fuertes para agarrar a sus víctimas, y sus brazos eran pequeños comparados con sus patas largas y musculosas.

Algunos de los primeros tiranosaurios eran más ligeros, como el **Alioramus** y el **Lythronax**, y otros como el **Guanlong** tenían crestas en la cabeza. Pero todos los que vinieron después tenían una estructura similar: cabeza enorme con grandes mandíbulas y un par de patas muy fuertes.

111

EL GRAN CAZADOR
El *Tyrannosaurus* fue uno de los últimos dinosaurios gigantes y uno de los más letales. Con sus enormes dientes demoledores e inmensas mandíbulas, era el principal depredador de su época. La fuerza de su mordida era mayor que la de casi cualquier otro depredador de la historia, lo que le permitía vencer incluso a animales del tamaño de un elefante como este *Triceratops*.

El *Tyrannosaurus* tenía una técnica simple pero efectiva para atacar a su presa: cargaba directamente, hundía los dientes en su objetivo y utilizaba su fuerte mandíbula y los músculos del cuello para arrancar bocados de carne y hueso. Aturdida por la pérdida de sangre, la víctima no intentaba liberarse, de modo que el *Tyrannosaurus* no tenía que sujetarla para evitar que huyera. Como no necesitaban extremidades anteriores fuertes, se redujeron a unos pequeños brazos que ni siquiera alcanzaban la boca. En cambio, sus patas eran robustas como las de un caballo de carreras, con enormes músculos. Así, pese a su enorme peso, el *Tyrannosaurus* podía lanzarse al ataque a una velocidad mortal.

Ornitomimosaurios

Encontrado en China, el Beishanlong vivió hace unos 120 millones de años, y podía llegar a medir hasta 8 m de largo.

Todos estos animales estaban cubiertos de plumas, pero las plumas del cuerpo probablemente tenían una estructura simple similar al pelo.

Beishanlong

El hocico largo y la profunda mandíbula inferior sostenían un pico ancho parecido al de un pato.

Al principio, lo único conocido del *Deinocheirus* eran los **enormes huesos** de los brazos.

Gallimimus

Un cuello largo, delgado y flexible facilitaba la recolección de semillas y la captura de animales pequeños.

Struthiomimus

Las patas tenían músculos fuertes, pero eran delgadas cerca de los pies, como las patas de todos los animales veloces.

Las plumas largas de los brazos podrían ser para impresionar o para proteger huevos y crías.

Ornithomimus   Deinocheirus

Los poderosos tiranosaurios tenían unos parientes cercanos que no se les parecían en absoluto: los ornitomimosaurios. Entre ellos estaba el *Struthiomimus*, que significa «imitación de avestruz». La mayoría de los ornitomimosaurios tenían la cabeza pequeña con un pico desdentado, cuello largo, brazos como alas con plumas y largas y musculosas patas traseras. Debían de tener incluso una dieta similar de semillas, frutas y animales pequeños, aunque algunos tenían el pico más ancho que tal vez usaban para chapotear en el agua como patos. Pero no todos eran

Ornithomimus

El cuerpo estaba hecho para ser veloz y ágil, igual que un avestruz moderno.

Las manos de tres dedos eran extraordinariamente largas.

VELOCISTAS

Los ornitomimosaurios de patas largas corrían muy rápido. Sus mayores enemigos, los tiranosaurios, corrían a 30 km/h, así que los ornitomimosaurios probablemente eran incluso más veloces, como el atleta jamaicano Usain Bolt, que alcanzó los 44 km/h en 2009.

Usain Bolt   *Ornithomimus*

Deinocheirus

El cráneo ligero sostenía un pico hecho de queratina, como el pico de un ave actual.

Anserimimus

Las garras grandes probablemente servían para defenderse.

Es posible que la cola terminara en un abanico de plumas largas, para ayudarle a mantener el equilibrio mientras corría.

Los pies tenían unos huesos que absorbían los golpes y amortiguaban la presión al correr.

Los ojos grandes aseguraban la buena visión que estos animales necesitaban para detectar el peligro.

Qiupalong

desdentados o del tamaño de un avestruz. Algunos de los primeros tenían mandíbulas con dientes pequeños, y algunos de los más tardíos, como el **Beishanlong**, eran animales grandes y fuertes. El más grande encontrado hasta ahora es el **Deinocheirus**, un gigante que medía 11 m y tenía

brazos y manos muy largos. En comparación con su cuerpo, tenía las patas cortas, de modo que probablemente confiaba en su tamaño y en sus grandes garras defensivas para desalentar a los poderosos depredadores de su época y obligarlos a buscar objetivos más débiles.

Oviraptorosaurios

Caudipteryx

Tenía dientes *pequeños en el frontal de la mandíbula superior, pero no dientes para masticar.*

Sus largas patas *convertían al Caudipteryx en un corredor veloz.*

Con unos 8 m de largo *y un peso equivalente al de un coche, este enorme oviraptorosaurio es mucho más grande que cualquiera de sus parientes.*

El Ajancingenia tenía un cráneo muy corto y hondo con un potente pico.

Ajancingenia

Anzu

El dinosaurio *podía desplegar probablemente las largas plumas de la cola para impresionar.*

Huanansaurus

Descubierto en 2015, *el Huanansaurus vivió hace unos 72 millones de años en lo que hoy es el este de China.*

Como todos los oviraptorosaurios, *el Gigantoraptor probablemente tenía plumas largas y vistosas en los brazos.*

En 1923, un grupo de buscadores de fósiles estadounidenses descubrió en Mongolia los primeros huevos completos de dinosaurio. También hallaron el cráneo de un dinosaurio de aspecto extraño. Supusieron que estaba intentando comerse unos huevos y lo llamaron *Oviraptor*, o «ladrón de huevos». Años más tarde, se vio que los huevos eran suyos y que en realidad los estaba protegiendo. Aun así, el nombre quedó, y ahora se usa para describir a varios animales con las mismas características: los oviraptorosaurios. Pertenecían a un grupo de dinosaurios terópodos de brazos

Descubierto en América del Norte, el Anzu tenía una cresta en el cráneo sostenida por una lámina ósea muy delgada.

Oviraptor

Caudipteryx   Gigantoraptor

Este Oviraptor se encontró a solo 10 cm del nido de huevos.

El extremo de cada dedo tenía una garra fina y ligeramente curvada.

El Oviraptor medía aproximadamente 1,8 m de largo.

Gigantoraptor

Las manos y garras delgadas quizá estaban adaptadas para atrapar pequeñas presas de la madera y las grietas de las rocas.

Chirostenotes

La gran cresta en la parte superior del pico era muy similar a la de un ave casuaria actual.

Citipati

A pesar de su pequeña cabeza, el Avimimus tenía un cerebro más grande que los otros dinosaurios, y unos ojos también muy grandes.

Avimimus

Los fósiles muestran que el Citipati usaba sus cortas «alas» para cubrir y proteger sus huevos en el nido.

Las patas largas y robustas de este animal estaban adaptadas para correr con rapidez.

largos llamados manirraptores, que incluye las aves. Los manirraptores probablemente tenían plumas en el cuerpo y la cola y largas plumas en los brazos. Los oviraptorosaurios tenían un pico parecido al de las aves, que podía servir para recoger una gran variedad de alimentos, como semillas, insectos grandes, lagartijas, mamíferos pequeños y posiblemente hasta los huevos de otros dinosaurios. Tenían dos apéndices óseos en la parte superior de la boca ideales para romper cáscaras de huevo, así que, después de todo, tal vez fueran ladrones de huevos.

117

Brazos y manos

Iguanodon

Heterodontosaurus

Euoplocephalus

Las manos multiusos podían sujetar alimentos, soportar peso y luchar contra los enemigos.

El Heterodontosaurus *usaba las manos para recolectar alimentos vegetales y atrapar animales.*

Los dedos robustos actuaban como pezuñas, soportando el peso de este dinosaurio acorazado.

Atlasaurus

Gryposaurus

El
Atlasaurus
pesaba tanto
como **dos
elefantes**.

Los delgados brazos de este hadrosaurio a veces se usaban como patas.

El Atlasaurus, *uno de los grandes saurópodos, caminaba sobre la punta de los dedos, que formaban unos fuertes pies delanteros.*

Los brazos y las manos de los dinosaurios evolucionaron de distintas maneras para realizar diferentes tareas. Los de los pequeños herbívoros se adaptaron para recolectar alimentos, pero muchos, como el *Iguanodon*, los usaban para aguantar el peso de su cuerpo. Los herbívoros más grandes tenían extremidades anteriores muy robustas especializadas para caminar. Los brazos de los carnívoros, como los del *Dubreuillosaurus*, estaban adaptados para sujetar a las presas que forcejeaban mientras el depredador le clavaba las mandíbulas. Eran cortos pero fuertes, con

Carnotaurus

Estos pequeños brazos no servían para cazar, pero podían tener otros usos.

Sinornithosaurus

Las enormes plumas casi ocultan las afiladas garras de este pequeño cazador de brazos largos.

Citipati

Los fósiles de Citipati muestran cómo protegía los huevos con sus largos brazos con plumas.

Dubreuillosaurus

La mayoría de los cazadores tenían manos con tres dedos y garras afiladas.

Deinocheirus

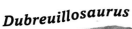

El herbívoro Deinocheirus tenía unas manos enormes, con tres dedos y garras que debía de usar para defenderse.

BRAZOS GIGANTES

Las enormes manos de este dinosaurio le dieron el nombre de *Deinocheirus*, que en griego significa «mano horrible». Los brazos medían 2,5 m de largo y terminaban en unas manos de unos 76 cm de largo.

La mano con tres dedos tenía unas enormes garras romas.

garras afiladas. Con el tiempo, algunos cazadores, como el **Citipati** y el **Sinornithosaurus**, desarrollaron brazos y manos más largos. A menudo los usaban de la misma manera, pero la evidencia fósil muestra que tenían plumas largas, casi como alas, y el *Citipati* las utilizaba para proteger sus huevos y crías.

Los parientes de estos animales se convirtieron en las primeras aves. En cambio, algunos de los grandes cazadores, como el **Carnotaurus** y los tiranosaurios, tenían brazos cortos y confiaban en sus mandíbulas para sujetar a sus presas.

ALAS PROTECTORAS

Hace 75 millones de años, los desiertos del sur de Mongolia estaban tan secos como hoy, con extensas dunas de arena y pocos ríos. Aun así, fueron el hogar de varios dinosaurios, como el *Citipati*, parecido a un avestruz, famoso entre los científicos por sus asombrosos fósiles, que muestran que estos dinosaurios incubaban sus huevos igual que las aves.

Como muchos otros terópodos, el *Citipati* tenía brazos largos con plumas similares a las de las alas de un ave. Pero el *Citipati* no podía volar, porque sus «alas» eran demasiado cortas. Las plumas debían de tener otra función, y varios fósiles encontrados en el desierto de Gobi muestran cuál podría ser. Los animales están conservados en cuclillas encima de la nidada de huevos, con los brazos extendidos hacia los bordes del nido. En esta posición, sus largas plumas debían cubrir los huevos, manteniéndolos calientes o protegiéndolos del abrasador sol del desierto. Pero las plumas no pudieron proteger al *Citipati* y a sus huevos de lo que fuera que los matara, enterrara y preservara como fósiles bajo la arena del desierto.

Terizinosaurios

Las mandíbulas con punta de pico estaban adaptadas para comer hojas, que todos los terizinosaurios masticaban con unos pequeños dientes laterales.

Con hasta **11 m** de largo, el *Therizinosaurus* era tan **grande** como un tiranosaurio.

Los fósiles de especies relacionadas muestran plumas simples que formaban una especie de pelaje.

Therizinosaurus

El Nothronychus *fue el primer terizinosaurio encontrado en América del Norte; todos los demás se han hallado en Mongolia y China.*

Nothronychus

Un largo cuello ayudaba al Nothronychus *a alcanzar los árboles para coger hojas; llegaba hasta 3,6 m de altura.*

El cuerpo era más voluminoso que el de un típico terópodo y la postura era más vertical.

Como terópodos, *los terizinosaurios se sostenían sobre sus patas traseras, muy cortas en comparación con su cuerpo.*

Las garras curvas con forma de espada medían 1 m de largo y tenían puntas afiladas que se convertían en armas muy efectivas.

Los pies robustos y anchos estaban adaptados para soportar el peso del animal, y no para moverse a gran velocidad.

La mayoría de los terópodos eran cazadores ágiles y con dientes afilados, pero los terizinosaurios eran diferentes. Hay muy pocos fósiles completos, pero cuando los paleontólogos reconstruyeron las muestras, los terizinosaurios resultaron ser excepcionales. Tenían mandíbulas puntiagudas, dientes laterales en forma de hoja y cuerpos voluminosos, lo que sugiere que se alimentaban de plantas en lugar de cazar. Eran manirraptores (grupo de terópodos relacionado con las aves) de brazos largos, y también tenían plumas. Pero estas últimas eran aparentemente

Excepcionalmente, el Falcarius *tenía algunos dientes puntiagudos en el frontal de sus mandíbulas, que tal vez usaba para atrapar animales pequeños.*

Alxasaurus   *Therizinosaurus*

Erlikosaurus

Sus mandíbulas *contenían más de 100 dientes pequeños adaptados para triturar alimentos vegetales.*

El **Falcarius** *es el terizinosaurio más primitivo conocido; vivió hace unos 126 millones de años.*

El **Erlikosaurus** *tenía unas largas garras en el pie que posiblemente le servían para defenderse.*

Los fósiles de **Enigmosaurus***, que significa «lagarto enigma», se hallaron en Mongolia.*

Enigmosaurus

La cola *de todos los terizinosaurios era relativamente corta.*

El **Alxasaurus** *lleva el nombre del desierto de Alxa de Mongolia, donde se encontraron sus fósiles a principios de la década de 1990.*

Alxasaurus

Los brazos *probablemente tenían plumas largas similares a las de las aves.*

Como todos los terizinosaurios*, el Enigmosaurus tenía largos brazos y manos.*

filamentos delgados, de modo que los terizinosaurios como el ***Erlikosaurus*** presentaban una especie de pelaje denso. Sus largos brazos tenían grandes manos provistas de enormes garras; las del gigante ***Therizinosaurus*** son las más largas de cualquier animal conocido. Los terizinosaurios usaban sus garras para arrastrar ramas frondosas hasta sus bocas. Pero probablemente también las usaban como formidables armas contra los depredadores. Con sus cuerpos voluminosos, los terizinosaurios no podían moverse rápidamente, así que pelear debía de ser su mejor forma de autodefensa.

123

Garras afiladas

La garra en forma de guadaña *servía para cortar la vegetación y para defenderse.*

Garra de la mano de Therizinosaurus

Garra de índice de Baryonyx

Garra de la mano de Allosaurus

Las garras afiladas le permitían sujetar bien a la presa.

Baryonyx significa «garra fuerte», en una referencia a la **garra curva** de su dedo índice.

Unas garras fuertes eran herramientas básicas para la mayoría de los dinosaurios. Igual que muchos cazadores, el *Allosaurus* y el *Baryonyx* utilizaban las garras de sus patas delanteras para capturar a su presa, mientras que el *Deinonychus* tenía garras en los pies con las que la inmovilizaba en el suelo. La mayoría de los depredadores tenían garras fuertes y afiladas en los pies que les daban el agarre necesario para correr, y algunos de los cazadores más pequeños probablemente usaban sus garras para trepar a los árboles. Los gigantescos herbívoros

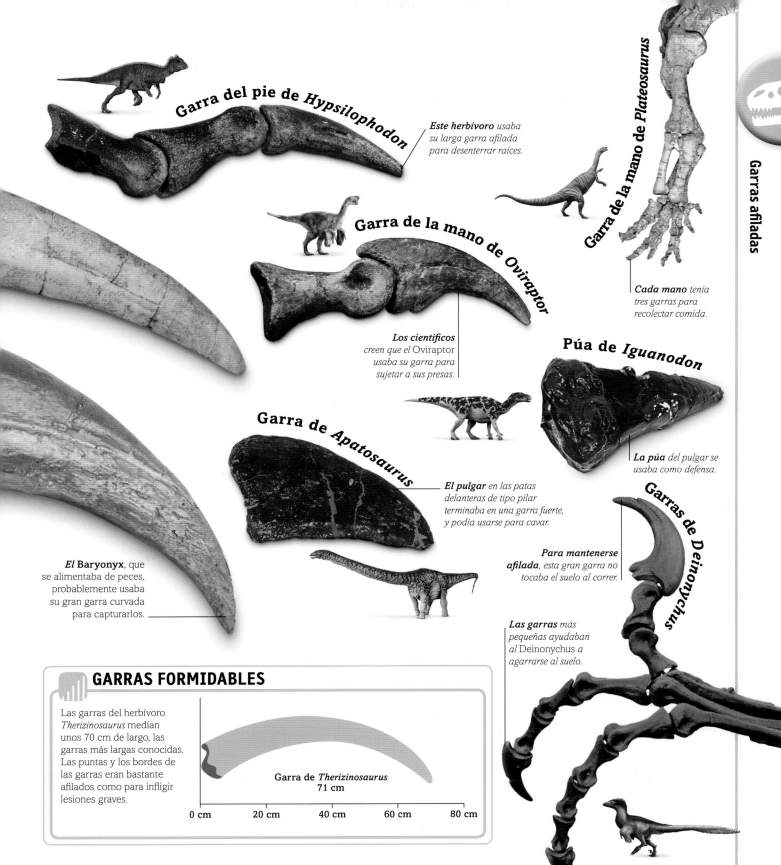

Garra del pie de Hypsilophodon

Este herbívoro usaba su larga garra afilada para desenterrar raíces.

Garra de la mano de Plateosaurus

Cada mano tenía tres garras para recolectar comida.

Garra de la mano de Oviraptor

Los científicos creen que el Oviraptor usaba su garra para sujetar a sus presas.

Púa de Iguanodon

La púa del pulgar se usaba como defensa.

Garra de Apatosaurus

El pulgar en las patas delanteras de tipo pilar terminaba en una garra fuerte, y podía usarse para cavar.

Garras de Deinonychus

Para mantenerse afilada, esta gran garra no tocaba el suelo al correr.

Las garras más pequeñas ayudaban al Deinonychus a agarrarse al suelo.

El Baryonyx, que se alimentaba de peces, probablemente usaba su gran garra curvada para capturarlos.

GARRAS FORMIDABLES

Las garras del herbívoro *Therizinosaurus* medían unos 70 cm de largo, las garras más largas conocidas. Las puntas y los bordes de las garras eran bastante afilados como para infligir lesiones graves.

Garra de *Therizinosaurus*
71 cm

0 cm   20 cm   40 cm   60 cm   80 cm

cuadrúpedos como el **Apatosaurus** tenían fuertes garras que ayudaban a mantener su peso colosal, y las utilizaban para cavar los agujeros donde ponían sus huevos. El **Plateosaurus** se sostenía en sus patas traseras y recurría a sus garras delanteras para coger comida de los árboles o para defenderse de los depredadores. El **Iguanodon** tenía una fuerte púa en el pulgar, que podría haber usado contra sus enemigos, mientras que el **Therizinosaurus** tenía grandes garras en sus extremidades delanteras que debían de ser armas.

125

Dromeosáuridos

Buitreraptor

El cuerpo probablemente estaba cubierto de plumas, similares a las de las aves actuales.

Las mandíbulas de este gran cazador sudamericano eran muy largas, como las de un cocodrilo.

La mayoría de los dromeosáuridos tenían manos fuertes que usaban para agarrar a sus presas.

Deinonychus

El *Velociraptor* de la película **Parque Jurásico** estaba basado en el *Deinonychus*.

Los brazos del Austroraptor eran muy cortos para un dromeosáurido, lo que sugiere una técnica de caza diferente.

Sinornithosaurus

Muchos de estos dinosaurios también tenían largas plumas en las patas..

Las garras largas y afiladas de las manos permitían al Deinonychus sujetar fuerte a sus víctimas.

Las largas plumas de los brazos eran casi alas, pero no lo bastante grandes como para volar.

Los cazadores más ágiles de la era de los dinosaurios son los dromeosáuridos o dinosaurios raptor, en referencia al pequeño y ágil *Velociraptor*. En general, eran cazadores de largos brazos con grandes garras en las manos. El segundo dedo de cada pie tenía una gran garra curvada, que no tocaba el suelo para que se mantuviera afilada. Esta garra probablemente servía para inmovilizar a las presas en el suelo, e incluso para trepar a los árboles. Los fósiles que se han encontrado recientemente en China muestran que estos dinosaurios estaban cubiertos de plumas,

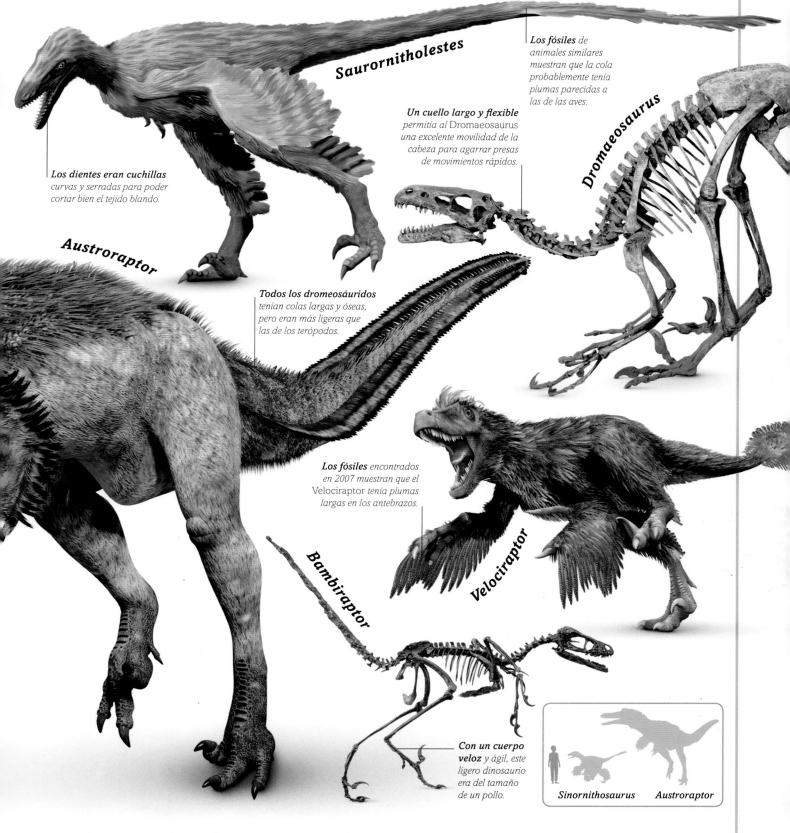

Saurornitholestes

Los fósiles de animales similares muestran que la cola probablemente tenía plumas parecidas a las de las aves.

Un cuello largo y flexible permitía al Dromaeosaurus una excelente movilidad de la cabeza para agarrar presas de movimientos rápidos.

Dromaeosaurus

Los dientes eran cuchillas curvas y serradas para poder cortar bien el tejido blando.

Austroraptor

Todos los dromeosáuridos tenían colas largas y óseas, pero eran más ligeras que las de los terópodos.

Los fósiles encontrados en 2007 muestran que el Velociraptor *tenía plumas largas en los antebrazos.*

Bambiraptor

Velociraptor

Con un cuerpo veloz y ágil, este ligero dinosaurio era del tamaño de un pollo.

Sinornithosaurus   *Austroraptor*

y muchos tenían plumas largas, casi como alas, en los brazos. Estaban muy relacionados con las primeras aves, y los más pequeños, como el *Sinornithosaurus*, debían de parecerse mucho a un pájaro. Los dromeosáuridos más pequeños se alimentaban de insectos grandes y de mamíferos pequeños como las ratas, pero sabemos que los más grandes, como el *Velociraptor* y el *Deinonychus*, atacaban a otros dinosaurios. Algunos, como el *Buitreraptor* y el *Austroraptor*, tenían hocicos largos llenos de dientes cónicos puntiagudos, más adecuados para atrapar peces.

127

ÁGUILA CON DIENTES
Al hallarse los primeros fósiles de *Velociraptor* en Mongolia en la década de 1920, se consideró que era un animal escamoso parecido a un lagarto. Pero los fósiles de un dinosaurio de la misma familia descubierto en la cercana China muestran que el *Velociraptor* se parecía más a un ave. Una hilera de protuberancias en uno de los huesos del antebrazo también muestra que sus brazos tenían plumas largas muy parecidas a las de un ave.

Incluso el comportamiento del *Velociraptor* era similar al de un ave. Dinosaurios de la misma familia ponían sus huevos en nidos y se sentaban encima para mantenerlos calientes, usando sus «alas» para protegerlos. El *Velociraptor* anidaba probablemente así, tal vez en parejas, y mientras uno de los dos incubaba los huevos, el otro salía a cazar. Investigaciones recientes sobre cómo cazaba el *Velociraptor* sugieren que corría tras su presa y se abalanzaba sobre ella como un águila no voladora, inmovilizando a los animales en el suelo con sus garras. Después, el cazador desgarraba a su pobre víctima con sus afilados dientes de sierra y la cortaba en pedazos. Incluso es posible que llevara parte de la carne al nido para su pareja.

DINOSAURIOS VOLADORES

Piel, escamas y plumas

Archaeopteryx

Con estas largas plumas *en los brazos, este dinosaurio jurásico probablemente era capaz de volar.*

Como un pollo, el ***Juravenator*** tenía plumas en el cuerpo y escamas en las patas.

Edmontonia

Juravenator

El pelaje que cubría *a este pequeño dinosaurio terópodo estaba hecho de protoplumas simples parecidas a pelos.*

Fósil de piel de Edmontosaurus

Este fósil muestra *que la piel del Edmontosaurus estaba protegida por pequeñas escamas.*

La mayoría de los dinosaurios extintos solo se conocen por los fósiles de sus huesos y dientes, pero algunos fósiles conservan detalles de los tejidos blandos, como la piel. Muestran que muchos dinosaurios grandes como el hadrosaurio ***Edmontosaurus*** tenían piel escamosa, y algunos, como el ***Edmontonia***, tenían una armadura formada por placas óseas (escudos) incrustadas en la piel. Unos increíbles fósiles descubiertos en China revelaron que muchos pequeños dinosaurios terópodos tenían plumas. Algunos, como el ***Sinosauropteryx***, tenían

Escudo

Las plumas fosilizadas del Caihong incluyen estructuras microscópicas como los melanosomas, que crean los colores iridiscentes en las plumas de algunas aves actuales.

Los escudos de este dinosaurio acorazado tenían forma de pico, en parte como defensa, pero quizá también para impresionar.

Caihong

Las patas y el vientre del Edmontonia estaban cubiertos de piel escamosa, similar a la de muchos reptiles modernos.

Fósil de *Psittacosaurus*

Este fósil de un pariente primitivo del dinosaurio cornudo Triceratops muestra que su cola estaba cubierta con largas plumas.

Las manchas oscuras de este fósil son los restos de una estructura difusa formada por protoplumas.

Fósil de *Sinosauropteryx*

CÓDIGO DE COLOR

Una nueva investigación ha revelado que las plumas fósiles de animales como el *Caihong* preservan los restos de melanosomas, estructuras dentro de las células que contienen pigmentos de color. El tamaño, la forma y la disposición de estos melanosomas están relacionados con su color. Así, analizando los melanosomas fósiles, los científicos pueden reconstruir los colores de los dinosaurios con plumas.

| Óxido | Marrón | Gris | Negro | Iridiscente |

filamentos cortos y finos como pelos, o protoplumas; probablemente mantenían al animal caliente, como el pelaje de un mamífero. Otros, como el *Caihong*, estaban cubiertos de plumas parecidas a las de las aves. Algunas de estas plumas eran más largas, especialmente en los brazos, que debían de parecer alas cortas. El análisis microscópico indica que algunas plumas eran de colores brillantes. Esto muestra que hay poca diferencia entre los dinosaurios terópodos y las aves modernas, y confirman la conclusión de que las aves son dinosaurios voladores pequeños.

Cazadores con plumas

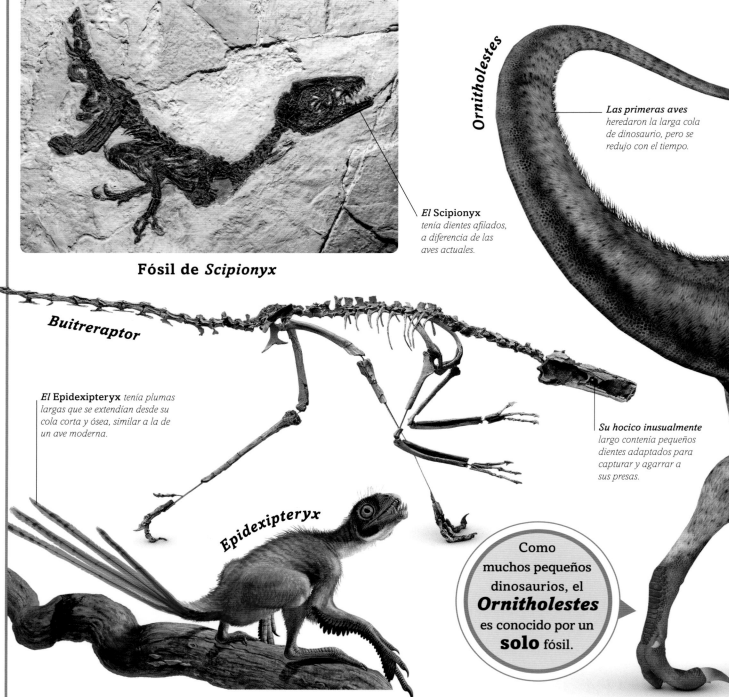

Fósil de *Scipionyx*

Ornitholestes

Las primeras aves *heredaron la larga cola de dinosaurio, pero se redujo con el tiempo.*

El Scipionyx *tenía dientes afilados, a diferencia de las aves actuales.*

Buitreraptor

El **Epidexipteryx** *tenía plumas largas que se extendían desde su cola corta y ósea, similar a la de un ave moderna.*

Su hocico inusualmente *largo contenía pequeños dientes adaptados para capturar y agarrar a sus presas.*

Epidexipteryx

Como muchos pequeños dinosaurios, el ***Ornitholestes*** es conocido por un **solo** fósil.

Está claro que los esqueletos de los pequeños dinosaurios terópodos de brazos largos como el *Buitreraptor* eran similares a los de la primera ave conocida, el *Archaeopteryx*. Los fósiles más recientes indican también que el cuerpo de muchos de estos pequeños cazadores estaba cubierto con plumas de algún tipo. Esto significa que la única diferencia entre estos dinosaurios y las primeras aves era la longitud de los brazos y el tipo de plumas. A primera vista, un cazador pequeño y ágil con plumas vellosas como el ***Ornitholestes*** no tiene aspecto de ave,

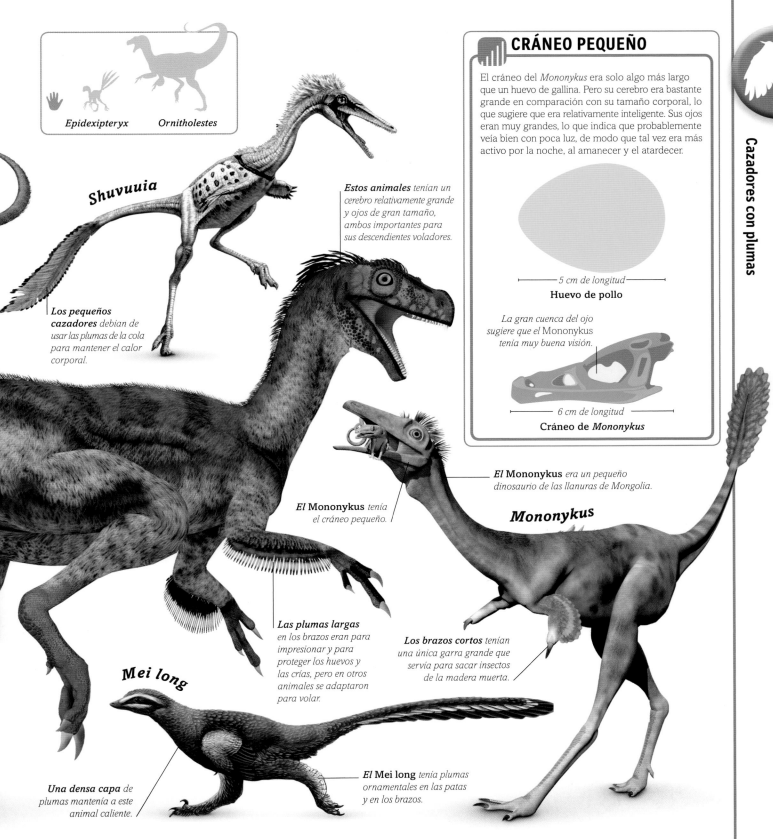

Epidexipteryx   Ornitholestes

Shuvuuia

Estos animales tenían un cerebro relativamente grande y ojos de gran tamaño, ambos importantes para sus descendientes voladores.

Los pequeños cazadores debían de usar las plumas de la cola para mantener el calor corporal.

CRÁNEO PEQUEÑO

El cráneo del *Mononykus* era solo algo más largo que un huevo de gallina. Pero su cerebro era bastante grande en comparación con su tamaño corporal, lo que sugiere que era relativamente inteligente. Sus ojos eran muy grandes, lo que indica que probablemente veía bien con poca luz, de modo que tal vez era más activo por la noche, al amanecer y el atardecer.

— 5 cm de longitud —
Huevo de pollo

La gran cuenca del ojo sugiere que el Mononykus tenía muy buena visión.

— 6 cm de longitud —
Cráneo de *Mononykus*

El **Mononykus** era un pequeño dinosaurio de las llanuras de Mongolia.

El **Mononykus** tenía el cráneo pequeño.

Mononykus

Las plumas largas en los brazos eran para impresionar y para proteger los huevos y las crías, pero en otros animales se adaptaron para volar.

Los brazos cortos tenían una única garra grande que servía para sacar insectos de la madera muerta.

Mei long

Una densa capa de plumas mantenía a este animal caliente.

El **Mei long** tenía plumas ornamentales en las patas y en los brazos.

pero si le extendemos los brazos y le agregamos plumas más largas, parecerá a punto de volar. Los fósiles de animales similares, como el *Velociraptor*, muestran que tenían largas plumas en los brazos como las de las aves, y muchos también tenían abanicos de plumas en la cola. Un fósil de

Epidexipteryx muestra claramente cuatro plumas ornamentales muy largas en la cola. Este tipo de plumas hacía que los pequeños cazadores como el *Mei long* se parecieran mucho a faisanes o pollos con alas cortas, y si hoy estuvieran vivos, los identificaríamos como aves no voladoras.

135

El primer vuelo

El **Yi qi,** *de aspecto* **extraordinario**, *era de la familia de los dinosaurios similares a las aves, pero tenía unas alas de membrana como un murciélago.*

Estas aves primitivas tenían garras fuertes en el ángulo del ala, que podían utilizar para trepar o para agarrar presas.

Jeholornis

A diferencia de las aves posteriores, estos animales tenían colas largas y óseas cubiertas con plumas, y a menudo tenían abanicos de plumas más largas en la punta.

Los dientes afilados debían de servir para atrapar insectos voladores.

Las plumas de las alas estaban dispuestas como las de las aves actuales, pero no estaban tan bien adaptadas para el vuelo.

Yi qi

Anchiornis

El análisis microscópico de las plumas de la cresta indica que podrían ser de color rojo oxidado con una base gris.

Las garras afiladas ayudaban al Yi qi a agarrarse a la corteza de los árboles, convirtiéndolo en un buen escalador.

Excepto las garras, los pies del Anchiornis estaban completamente cubiertos de pequeñas plumas.

Los primeros dinosaurios parecidos a las aves evolucionaron en el período Jurásico hace al menos 150 millones de años. Tenían mandíbulas dentadas y largas colas con plumas, como muchos pequeños cazadores no voladores que vivían en esa época. Se parecían a las aves porque la mayoría tenían alas largas cubiertas de plumas claramente adaptadas para algún tipo de vuelo. Pero no sabemos hasta qué punto sabían volar. Las plumas de las alas de animales como el *Archaeopteryx* y el *Jeholornis* son similares a las de las aves actuales, pero las articulaciones

Archaeopteryx

El segundo dedo *tenía una garra en forma de gancho que se mantenía levantada del suelo para que siempre estuviera afilada.*

> El *Archaeopteryx* fue el primer dinosaurio conocido **parecido a un ave**.

Un fósil de Jeholornis *muestra un abanico de plumas ornamentales que se proyecta desde la base de la cola.*

El Microraptor *tenía ojos grandes, lo que sugiere que estaba activo por la noche o que vivía en un bosque denso.*

Microraptor

Las plumas de las alas *medían unos 20 cm de largo, y tal vez le ayudaban a pasar de un árbol a otro.*

Los fósiles muestran *que las patas tenían plumas largas similares a las plumas de las alas.*

Este fósil bien conservado *muestra claramente las plumas de ave en los brazos, las patas y la cola.*

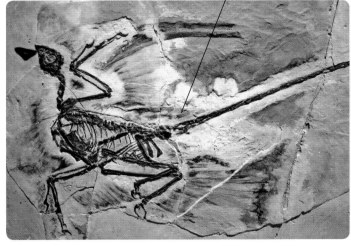

Fósil de Microraptor

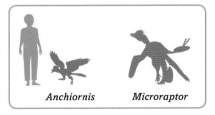

Anchiornis   Microraptor

de sus hombros no les permitían elevar mucho las alas y, a diferencia de las aves modernas, no tenían fuertes músculos de vuelo. Algunos, como el ***Microraptor***, es posible que en lugar de volar simplemente supieran deslizarse de árbol en árbol, pero los pies del *Jeholornis* y muchos otros se adaptaban mejor a la vida en el suelo. Por lo tanto, todavía no sabemos exactamente cómo empezaron a volar estos animales. Solo sabemos que tenían alas largas y anchas, que hubieran sido de poca utilidad sin poder volar de alguna manera.

ALZANDO EL VUELO
Al final del Jurásico, hace 150 millones de años, la era de los dinosaurios aun tenía más de 80 millones de años por delante. Pero las primeras criaturas parecidas a las aves ya experimentaban con el vuelo. Una de estas fue el *Archaeopteryx*, un pariente de los ágiles cazadores como el *Velociraptor*, similar a un cuervo, con brazos largos con plumas de ave. No era un ave, pero lo parecía mucho.

Los ejemplares de *Archaeopteryx* encontrados vivían en una región de Europa que se reducía a un grupo de islas rodeadas por mares poco profundos. Parece que las islas tenían pocos árboles, y el *Archaeopteryx* probablemente comía pequeños animales como lagartos e insectos. Pero sus alas largas y plumosas le debían ser útiles de alguna manera. Es posible que lo ayudaran a acelerar al perseguir a sus presas. También puede que, como los pollos actuales, las utilizara para posarse en arbustos altos para dormir, fuera del alcance de los cazadores. O tal vez evolucionó en una región con árboles más altos y usaba sus alas para desplazarse entre el follaje. No lo sabemos, pero algún día otro fósil podría resolver el enigma.

Aves primitivas

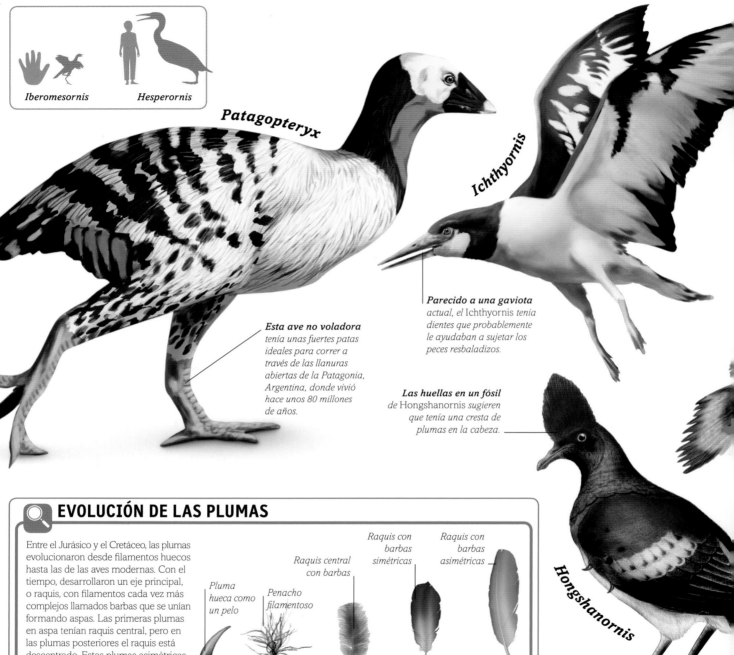

Iberomesornis Hesperornis

Patagopteryx

Ichthyornis

Esta ave no voladora tenía unas fuertes patas ideales para correr a través de las llanuras abiertas de la Patagonia, Argentina, donde vivió hace unos 80 millones de años.

Parecido a una gaviota actual, el Ichthyornis tenía dientes que probablemente le ayudaban a sujetar los peces resbaladizos.

Las huellas en un fósil de Hongshanornis sugieren que tenía una cresta de plumas en la cabeza.

Hongshanornis

🔍 EVOLUCIÓN DE LAS PLUMAS

Entre el Jurásico y el Cretáceo, las plumas evolucionaron desde filamentos huecos hasta las de las aves modernas. Con el tiempo, desarrollaron un eje principal, o raquis, con filamentos cada vez más complejos llamados barbas que se unían formando aspas. Las primeras plumas en aspa tenían raquis central, pero en las plumas posteriores el raquis está descentrado. Estas plumas asimétricas dieron unas alas más eficientes y fueron la clave para un vuelo efectivo.

Pluma hueca como un pelo

Penacho filamentoso

Raquis central con barbas

Raquis con barbas simétricas

Raquis con barbas asimétricas

Etapa 1   **Etapa 2**   **Etapa 3**   **Etapa 4**   **Etapa 5**

En el Cretáceo, 25 millones de años después de que el *Archaeopteryx* hiciera su torpe primer vuelo, los dinosaurios comenzaron a dar paso a aves de aspecto más moderno, como el *Confuciusornis*. Esta es una de las aves de cola corta y sin dientes más antiguas que se conocen, aunque todavía tenía garras en las alas. Igual que otras aves de la misma época, como el *Iberomesornis* del tamaño de un gorrión y el *Concornis* un poco más grande, tenía un pecho grande para sostener los músculos de vuelo; probablemente era capaz de volar bien. Con el

Hesperornis

Confuciusornis

Concornis

Iberomesornis

Para facilitar el vuelo, *las plumas del ala eran asimétricas, como las de las aves actuales.*

El **Concornis** *era aproximadamente del mismo tamaño que un estornino, pero no tan ágil en el aire.*

El **Confuciusornis** *macho tenía dos largas plumas en la cola.*

El **Hesperornis** *medía unos 1,8 m de largo.*

Las alas de esta enorme *ave marina dentada se redujeron a pequeños muñones, de modo que no podía volar.*

Las fuertes garras *y un dedo inclinado hacia atrás en cada pie permitían al Iberomesornis posarse en las ramas.*

El **Hesperornis** *nadaba con sus grandes pies palmeados.*

tiempo, aves como el ***Hongshanornis*** se especializaron más, con esqueletos más fuertes para resistir la presión del vuelo. Muchas todavía tenían dientes pequeños, especialmente las aves marinas que comían peces como el ***Ichthyornis***. Pero otras ya tenían solo pico, y a finales del Cretácico, hace unos 70 millones de años, muchas aves de tipo moderno volaban sobre dinosaurios gigantes. Algunas de ellas, como el ***Patagopteryx***, en lugar de volar vivía como los avestruces, mientras que el ***Hesperornis*** no volador cazaba bajo el agua como un cormorán gigante.

Aves gigantes

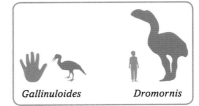

Gallinuloides   *Dromornis*

Con 3 m de altura, el *Dromornis* era el **ave más grande** que jamás haya existido.

Las aves del terror *tenían un enorme pico curvado para matar y desgarrar la carne de sus víctimas.*

Dromornis

Phorusrhacos

El Phorusrhacos *tenía un cuello muy flexible que le permitía atacar rápidamente a sus presas.*

Las enormes patas *del Dromornis soportaban su colosal peso: pesaba diez veces más que una persona.*

Este fósil muestra *que en América del Norte vivían unas aves muy parecidas a los pollos actuales hace 48 millones de años.*

Las garras afiladas *servían para inmovilizar a la presa en el suelo mientras el ave se preparaba para matarla y comérsela.*

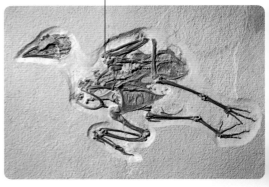

Fósil de *Gallinuloides*

Las aves fueron los únicos dinosaurios que sobrevivieron a la extinción masiva que aniquiló a sus parientes gigantes hace 66 millones de años. Evolucionaron hasta formar muchos nuevos tipos de aves que todavía están con nosotros en la actualidad, como los búhos, los patos y los pingüinos. Hace unos 40 millones de años, aparecieron la mayoría de los grupos de aves que conocemos, pero también había algunas aves muy desconocidas, como los depredadores gigantes no voladores conocidos como «aves del terror». Incluían el

Se han encontrado cientos de esqueletos de este antiguo depredador en depósitos de alquitrán en California.

Teratornis

El pico tenía los bordes serrados y óseos como dientes, perfecto para atrapar peces resbaladizos.

Osteodontornis

Argentavis

Titanis

También conocido como Diatryma, esta ave gigante no voladora probablemente comía hojas y brotes, y también semillas grandes y nueces.

Esta ave de rapiña pesaba cinco veces más que el cóndor andino, una de las aves voladoras modernas más grandes y muy parecida a esta.

Gastornis

Sus largas patas le permitían correr a más de 48 km/h, lo suficientemente rápido para atrapar a la mayoría de los animales pequeños.

Icadyptes

El Icadyptes *tenía un pico mucho más largo y puntiagudo que los pingüinos actuales.*

Las huellas fósiles sugieren que los pies de tres dedos median unos 40 cm de largo.

Phorusrhacos y el **Titanis**. Ambos medían más de 2 m de altura y tenían un pico en forma de gancho y unas garras enormes. Eran dos de los depredadores más poderosos de su época. Otro gigante no volador, el australiano **Dromornis**, probablemente era herbívoro, como el **Gastornis** mucho antes. Pero algunas aves voladoras también eran gigantes. El **Argentavis**, que sobrevolaba las llanuras de Argentina hace más de 5 millones de años, era un ave de rapiña colosal con una envergadura de 8 m, y probablemente era el ave voladora más grande que jamás haya existido.

143

ASESINO VELOZ
Con sus largas patas y su enorme pico en forma de gancho, el *Kelenken* fue uno de los depredadores más rápidos y fuertes de su época. Era la más grande de las feroces «aves del terror», y cazaba en las llanuras de la Patagonia, América del Sur, hace unos 15 millones de años. Su principal presa probablemente eran pequeños mamíferos, pero debía de tener velocidad y fuerza suficientes para cazar víctimas más grandes.

El cráneo fósil prácticamente intacto del *Kelenken* tenía 71 cm de largo, el cráneo de ave más grande jamás encontrado. Su enorme y fuerte pico en forma de gancho debía de ser como el de un águila gigantesca, y el *Kelenken* es posible que lo usara de la misma manera para desgarrar a sus presas más grandes; a los animales pequeños se los debía de tragar enteros.

Con unos 3 m de altura, tenía unas patas largas y musculosas que le permitían correr más que la mayoría de sus víctimas, y probablemente las atrapaba e incluso las mataba al agarrarlas. Era tan poderoso que podría haber apartado a otros cazadores de las llanuras hacia los bosques, donde su altura lo habría convertido en un depredador menos efectivo.

PTEROSAURIOS

Primeros pterosaurios

Una extensión ósea del cráneo sostenía una cresta que probablemente solo era característica de los machos. Los fósiles de posibles hembras no tienen cresta.

Darwinopterus

El Darwinopterus tenía un cuello y un cráneo más largos que los pterosaurios anteriores.

El Rhamphorhynchus tenía un pico parecido a una lanza con dientes largos en forma de aguja.

La cola larga y ósea era una característica distintiva de todos los pterosaurios primitivos; los posteriores tenían colas mucho más cortas.

Scaphognathus

Dimorphodon

El resistente hueso largo del cuarto dedo podía soportar toda la longitud de la parte exterior del ala.

Los dinosaurios gigantes compartían su mundo con parientes cercanos llamados pterosaurios, reptiles voladores con unas alas de membrana similares a las de los murciélagos, pero soportadas con los huesos de un solo dedo enormemente alargado.

Estas alas estaban formadas por fibras elásticas y láminas de músculo que ajustaban continuamente la forma del ala para que se moviera de la manera más eficiente posible. Los pterosaurios tenían cuerpo pequeño, peludo y ligero, vista excelente y cerebro relativamente grande. Los más antiguos

Campylognathoides

Los ojos grandes *ayudaban a cazar con poca luz, o posiblemente por la noche.*

El Campylognathoides *tenía alas muy grandes y probablemente su vuelo era rápido y potente.*

El «dedo del ala» *de este pterosaurio era como una vara tres veces más larga que su cuerpo.*

Rhamphorhynchus

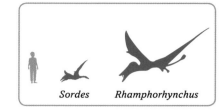

Sordes   Rhamphorhynchus

Los fósiles muestran *que este pterosaurio tenía una pequeña veleta en el extremo de su cola larga y ósea, que podría ser para impresionar.*

Eudimorphodon

Los fósiles *bien conservados muestran que el cuerpo del Sordes estaba cubierto de pelusa corta y densa, similar al pelaje de un mamífero.*

Sordes

El Eudimorphodon *tenía una gran variedad de dientes puntiagudos, adaptados para masticar presas con el cuerpo duro o caparazones duros.*

Tenía tres dedos *cortos en el ángulo del ala, cada uno con una garra afilada y curva.*

encontrados –del tamaño de un cuervo como el ***Eudimorphodon*– aparecieron a finales del Triásico, hace más de 210 millones de años. Tenían el cuello corto y una larga cola ósea. La mayoría también tenían mandíbulas armadas con una variedad de dientes afilados adaptados a su dieta. Algunos, como el ***Rhamphorhynchus***, capturaban peces. Otros, como el ***Sordes*** y el ***Dimorphodon***, probablemente se alimentaban de insectos y pequeños animales que capturaban en el suelo o cuando trepaban a los árboles usando sus afiladas garras.

Más pterosaurios

Descubierto en Brasil en 2013, este pterosaurio mediano tenía una espectacular cresta en la cabeza.

Su envergadura era de más de 3 m.

Caupedactylus

Como la mayoría de los pterosaurios, el Pteranodon tenía tres dedos móviles en el ángulo de cada ala.

Con más de **1200** fósiles el *Pteranodon* es el pterosaurio mejor **conocido**.

Los pterosaurios tenían una excelente visión y un centro de control de vuelo altamente desarrollado en el cerebro.

El largo cuello de los pterosaurios evolucionados les permitía agarrar presas del suelo con más facilidad.

Elanodactylus

Ludodactylus

Tapejara   Pteranodon

Durante el Jurásico, hace unos 166 millones de años, empezaron a aparecer pterosaurios con una nueva estructura corporal. Tenían el cuello más largo, la cola más corta y estaban más adaptados a la vida en el suelo: la evidencia de huellas fósiles muestra que muchos de ellos, como el *Tapejara* y el *Elanodactylus*, solían caminar a cuatro patas, con el exterior de las alas doblado. Algunos pterosaurios probablemente eran bastante ágiles para poder cazar así. Otros, como el *Pteranodon* y el *Cearadactylus*, parece que cazaban en el mar; es posible que pudieran nadar

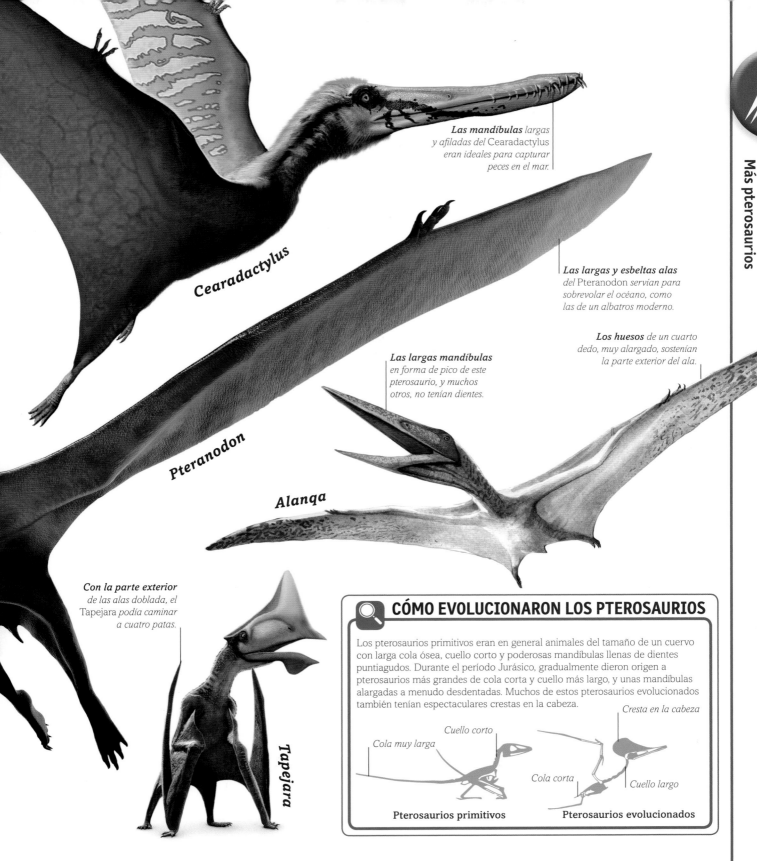

Las mandíbulas largas
y afiladas del Cearadactylus
eran ideales para capturar
peces en el mar.

Cearadactylus

Las largas y esbeltas alas
del Pteranodon servían para
sobrevolar el océano, como
las de un albatros moderno.

Los huesos de un cuarto
dedo, muy alargado, sostenían
la parte exterior del ala.

Las largas mandíbulas
en forma de pico de este
pterosaurio, y muchos
otros, no tenían dientes.

Pteranodon

Alanqa

Con la parte exterior
de las alas doblada, el
Tapejara podía caminar
a cuatro patas.

Tapejara

CÓMO EVOLUCIONARON LOS PTEROSAURIOS

Los pterosaurios primitivos eran en general animales del tamaño de un cuervo con larga cola ósea, cuello corto y poderosas mandíbulas llenas de dientes puntiagudos. Durante el período Jurásico, gradualmente dieron origen a pterosaurios más grandes de cola corta y cuello más largo, y unas mandíbulas alargadas a menudo desdentadas. Muchos de estos pterosaurios evolucionados también tenían espectaculares crestas en la cabeza.

Cresta en la cabeza

Cuello corto

Cola muy larga

Cola corta

Cuello largo

Pterosaurios primitivos

Pterosaurios evolucionados

en la superficie del océano como aves marinas y bucear brevemente dentro del agua para pescar. Muchos de estos pterosaurios evolucionados eran gigantes en comparación con los anteriores. El *Pteranodon* tenía más de 7 m de envergadura, y los más grandes de todos, el **Quetzalcoatlus** y el **Hatzegopteryx**, eran del tamaño de un pequeño avión, con una envergadura de 10 m o más. Estos eran los animales voladores más grandes que han existido, y todo indica que eran excelentes voladores, y recorrían grandes distancias entre corrientes de aire ascendentes como buitres gigantes.

151

AL ACECHO Los dinosaurios más pequeños que vivieron en América del Norte hace 70 millones de años a menudo eran presas de los tiranosaurios, pero el peligro también les venía desde otra dirección: el aire. El cielo estaba dominado por el *Quetzalcoatlus,* un gigantesco pterosaurio que probablemente volaba en círculos en corrientes de aire ascendentes como una enorme ave de rapiña, esperando la oportunidad para atacar.

El *Quetzalcoatlus* estaba muy bien adaptado para volar y tenía una excelente vista para observar a las presas desde lejos, pero sus garras no eran lo bastante poderosas para capturar las presas desde el aire. Probablemente, aterrizaba, doblaba sus largas alas y caminaba a cuatro patas entre los arbustos en busca de comida. Alto como una jirafa, el *Quetzalcoatlus* podía alzar la cabeza sobre cualquier arbusto o árbol pequeño. Su largo cuello y sus mandíbulas le daban un alcance muy largo, por lo que podía atacar a los animales antes de que supieran que los vigilaba. Como el *Quetzalcoatlus* no tenía dientes ni pico en forma de gancho, no podía despedazar a la presa, pero era lo bastante grande para tragarse una cría de titanosaurio entera.

Vistosas crestas

Los fósiles bien conservados muestran que la cresta de un Pterodactylus estaba hecha completamente de cartílago y piel elásticos.

Pterodactylus

El *Pterodactylus* fue el **primer pterosaurio fósil** conocido por la ciencia.

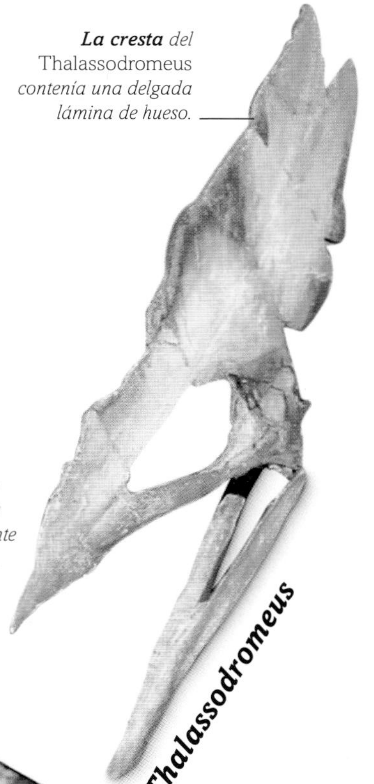

La cresta del Thalassodromeus contenía una delgada lámina de hueso.

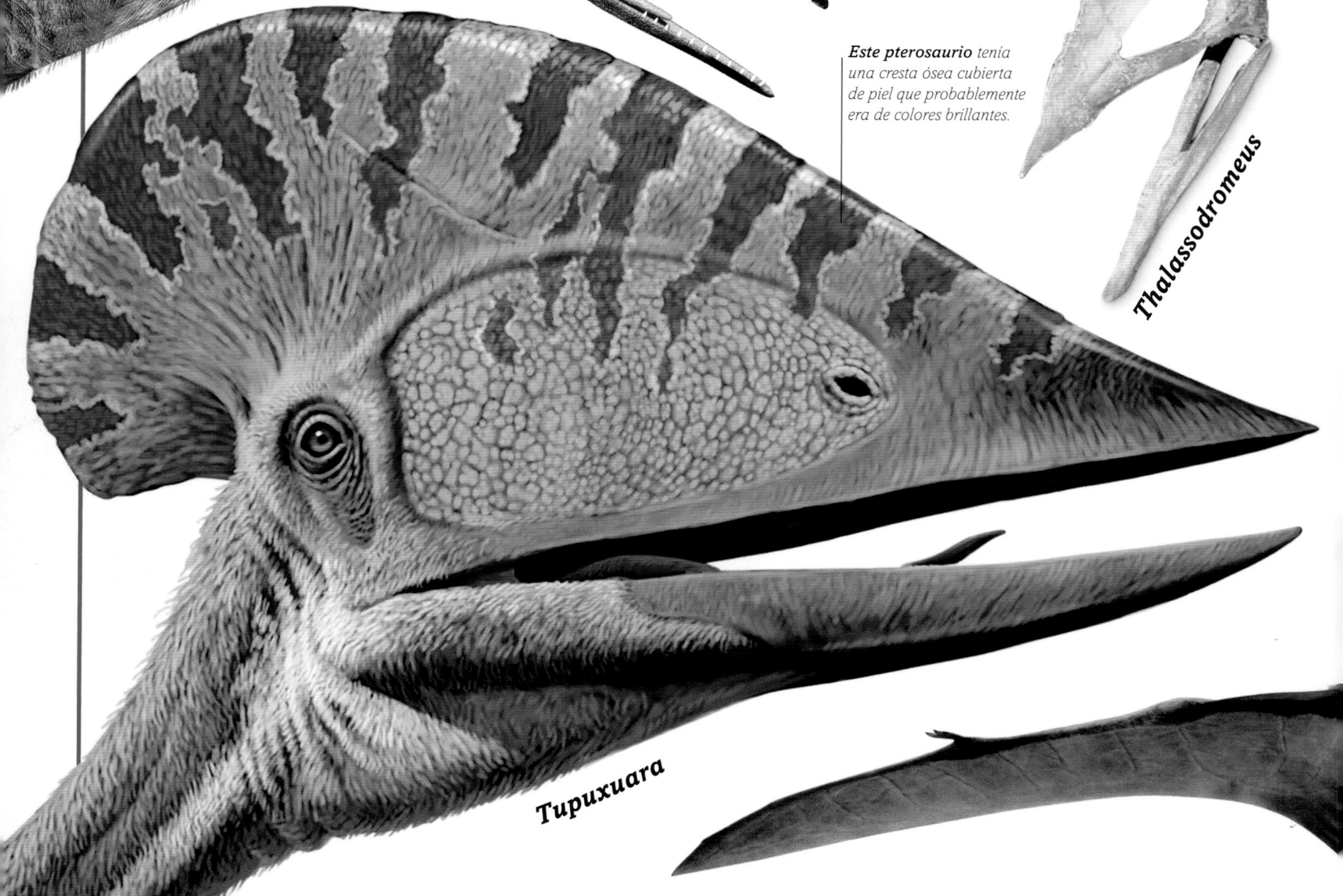

Este pterosaurio tenía una cresta ósea cubierta de piel que probablemente era de colores brillantes.

Thalassodromeus

Tupuxuara

Muchos pterosaurios evolucionados tenían espectaculares crestas que con toda seguridad eran para impresionar a rivales y a posibles parejas. Las crestas del *Tupandactylus* y el *Nyctosaurus* eran estructuras enormes pero ligeras, hechas de piel o de cuerno y sostenidas por finas estructuras óseas. La cresta más pequeña del *Thalassodromeus* estaba formada por una placa delgada y ligera de hueso, mientras que las crestas de otras especies, como el *Pterodactylus*, estaban hechas completamente de tejido blando. Las crestas de pterosaurio

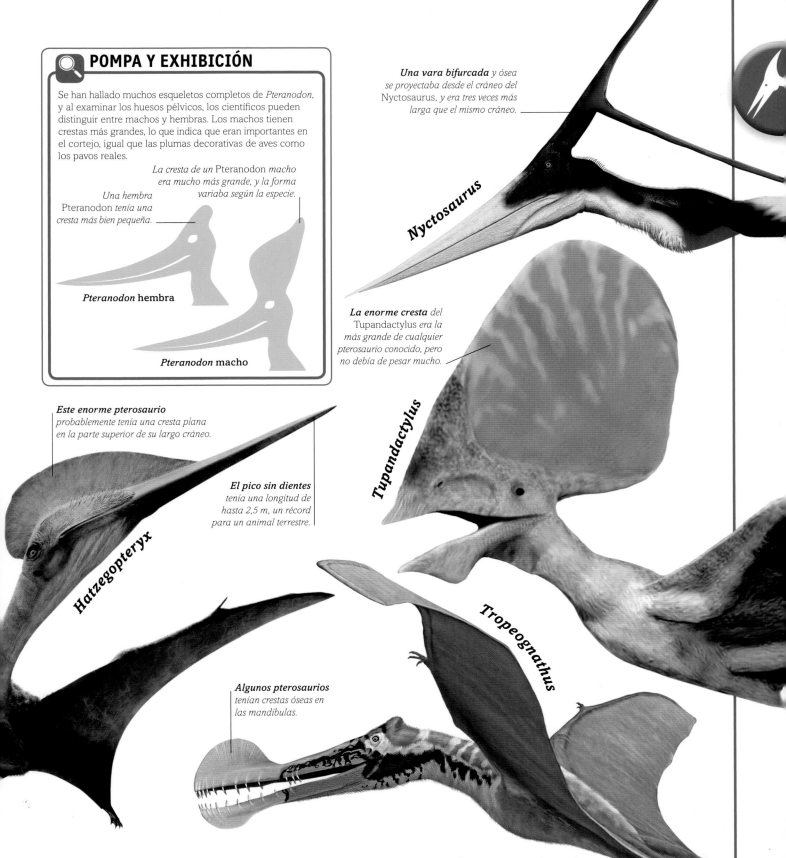

Una vara bifurcada y ósea se proyectaba desde el cráneo del Nyctosaurus, y era tres veces más larga que el mismo cráneo.

Nyctosaurus

La enorme cresta del Tupandactylus era la más grande de cualquier pterosaurio conocido, pero no debía de pesar mucho.

Tupandactylus

Este enorme pterosaurio probablemente tenía una cresta plana en la parte superior de su largo cráneo.

El pico sin dientes tenía una longitud de hasta 2,5 m, un récord para un animal terrestre.

Hatzegopteryx

Tropeognathus

Algunos pterosaurios tenían crestas óseas en las mandíbulas.

probablemente eran de colores vivos: las fotografías de un fósil tomadas con luz ultravioleta muestran claros rastros de bandas de color. En general, no se sabe si todos los pterosaurios machos y hembras tenían crestas, pero en el caso del **Pteranodon** está claro que los cráneos fósiles con las crestas más grandes pertenecían a los machos, mientras que los de crestas pequeñas eran hembras. Las diferencias de género son comunes en las aves actuales. Los pavos reales machos, por ejemplo, tienen colas más largas y colores más brillantes que las hembras.

EL MUNDO MARINO

La vida en los mares del Mesozoico

Este pez gigante *tenía placas en forma de malla en la parte posterior de la boca para atrapar a los pequeños animales que nadaban a la deriva.*

El caparazón *medía más de 5 cm de ancho.*

Este cangrejo *vivió en un mar cálido y poco profundo hace unos 80 millones de años.*

Fósil de cangrejo

Leedsichthys

Amonites

El caparazón *en espiral protegía el cuerpo del amonites.*

Este fósil muestra *la capa protectora en espiral hecha de minerales duros y calcáreos absorbidos del agua de mar.*

Fósil de caracol de mar

EL PEZ MÁS GRANDE

Leedsichthys
16,5 m

Más largo que un autobús, y con su correspondiente peso, el *Leedsichthys* fue uno de los peces más grandes que han existido.

Autobús: 11 m

La era del Paleozoico, o era de la glaciación, terminó hace 251 millones de años con una devastadora extinción masiva de vida. Fue tal el cataclismo que destruyó alrededor del 96 % de todas las especies marinas. Después de aquello, los primeros tiempos de la era mesozoica de los dinosaurios, los océanos debían de tener muy poca vida. Pero algunos animales sobrevivieron y comenzaron a multiplicarse, aprovechando todo el espacio disponible. Hicieron falta unos 5 millones de años para que comenzara una recuperación real, a medida que los animales

Habitante del fondo marino, este crinoideo usaba sus brazos como pétalos para filtrar los alimentos del agua del mar.

El tallo largo en la base de su cuerpo estaba unido a una superficie dura.

Fósil de crinoideo

El cuerpo aerodinámico de este molusco parecido a un calamar probablemente lo convertía en un nadador rápido.

Belemnite

Aunque es muy similar a los limúlidos actuales, este ejemplar vivió en la misma época que los dinosaurios gigantes.

Fósil de limúlido

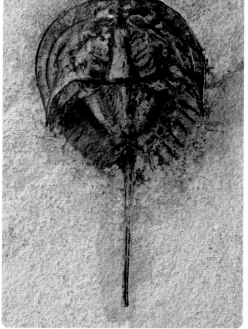

Como un calamar, el belemnite atrapaba a su presa con dos tentáculos largos que hacían ventosa.

Tras 150 millones de años, las **brillantes escamas** aún son visibles en este increíble fósil.

Los ofiuroideos son estrellas de mar esbeltas y flexibles que han buscado alimento en el lecho marino durante 500 millones de años.

Fósil de Lepidotes

Se han encontrado fósiles de Lepidotes de hasta 1,8 m de longitud en todo el mundo.

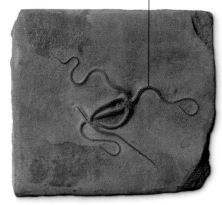

Fósil de ofiuna

Con sus dientes romos en forma de lágrima abría los crustáceos.

marinos supervivientes evolucionaban en nuevas formas. Esto incluía **peces**, tiburones y reptiles marinos, así como invertebrados como moluscos con concha, **cangrejos** y **estrellas de mar**. Los invertebrados de concha dura en particular eran comunes y se han fosilizado en grandes cantidades, incluidos los **amonites** y los **belemnites**, ambos parientes del calamar. Desaparecieron en la extinción masiva que puso fin al Mesozoico y que destruyó a los dinosaurios gigantes. Pero otras criaturas marinas sobrevivieron y aún prosperan en los océanos del mundo.

159

Primeros reptiles marinos

Guanlingsaurus

Excepcionalmente, este reptil de boca ancha parece que era un herbívoro que se alimentaba de algas marinas, como una iguana marina actual.

Tenía la cabeza larga y plana con mandíbulas muy potentes, como la cabeza de un cocodrilo actual.

Los dientes largos se entrelazaban para atrapar peces y otras presas resbaladizas.

Como todos los ictiosaurios, el Guanlingsaurus *tenía un cuerpo adaptado para moverse velozmente a través del agua.*

El *Nothosaurus* probablemente iba a tierra para **parir** en la playa, como una **foca**.

Henodus

El Henodus *tenía una capa protectora hecha de placas óseas.*

Los peces y otros animales marinos de la época de los dinosaurios eran atacados por reptiles especialmente adaptados para la vida en los océanos. Estos reptiles comenzaron a ser comunes en los mares hace unos 245 millones de años, en el período Triásico, y desarrollaron rápidamente una gran variedad de adaptaciones para comer diferentes tipos de alimentos. Los placodontes de cuatro patas, como el **Placodus**, buscaban en el lecho marino almejas de caparazón duro y crustáceos similares, y otros reptiles, como el **Atopodentatus**, comían

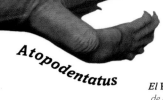

Atopodentatus

*El **Placodus** usaba diferentes tipos de dientes para capturar crustáceos y luego aplastar sus conchas.*

Mixosaurus

Placodus

Igual que todos los ictiosaurios, el Mixosaurus tenía como extremidades unas aletas eficientes para nadar rápido.

*Este **extraño animal** de hocico afilado tenía el lomo acorazado para defenderse de otros reptiles marinos y tiburones.*

Nothosaurus

Hupehsuchus

*El **Nothosaurus** tenía pies palmeados como los de una nutria actual.*

Shonisaurus

*Este **ictiosaurio** del tamaño de una ballena tenía un hocico largo y sin dientes.*

***Las aletas** eran muy largas y estrechas.*

🔍 LAGARTOS OCEÁNICOS

Los reptiles marinos eran los homólogos oceánicos de los dinosaurios gigantes que vivían en tierra firme, pero solo unos pocos eran arcosaurios, el grupo de reptiles que incluía a los dinosaurios. La mayoría de los reptiles marinos pertenecían a una rama diferente del árbol genealógico de reptiles, y estaban más relacionados con los lagartos y las serpientes que con los dinosaurios.

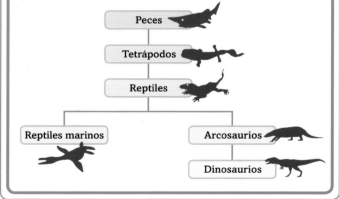

Peces

Tetrápodos

Reptiles

Reptiles marinos

Arcosaurios

Dinosaurios

algas marinas. Equipado con dientes afilados, el cocodrilo ***Nothosaurus*** se alimentaba de otros animales marinos y peces. La mayoría de estos primeros reptiles marinos tenían patas y vivían también en la orilla, como las focas. Pero los ictiosaurios, parecidos a los delfines (como el ***Mixosaurus*** y el ***Shonisaurus***), estaban bien adaptados para vivir permanentemente en el mar, aunque tenían que respirar aire. Sus cuerpos aerodinámicos y sus poderosas colas eran similares a los de los tiburones, lo que les permitía nadar muy rápido en busca de peces.

Aletas y colas

Plesiosaurus

El largo cuello del plesiosaurio tenía una flexibilidad limitada, y esto le ayudaba a mantenerse estilizado.

Huesos de aleta

Las sacudidas laterales de su larga cola daban impulso y velocidad al Tylosaurus.

Tylosaurus

Ichthyosaurus

Docenas de huesos formaban las extremidades planas en forma de pala.

Las aletas delanteras servían para guiar.

Rhomaleosaurus

Los huesos de la columna vertebral se extendían a lo largo de la fuerte cola del ictiosaurio.

Geosaurus

La cola se usaba como un timón para ayudar a moverse en el agua.

Las poderosas extremidades proporcionaban propulsión.

Este pariente de los cocodrilos tenía una cola parecida a la de un pez y unas extremidades pequeñas como palas.

Muchos tipos de reptiles prehistóricos abandonaron la vida en tierra para vivir en el mar. Igual que los mamíferos marinos como las focas y las ballenas lo harían más tarde, se adaptaron a la vida en el agua haciéndose resbaladizos y utilizando sus extremidades como aletas. El **Nothosaurus** tenía pies palmeados, pero también podía salir a tierra para reproducirse, como las focas. Otros reptiles marinos eran completamente acuáticos y más ágiles en el mar. El **Plesiosaurus** y el **Rhomaleosaurus**, de cuello más corto, se propulsaban por el agua

Los pies palmeados *podrían haberle servido en tierra y para nadar.*

Los ictiosaurios *sacudían la cola caudal con movimientos laterales, como los tiburones.*

Las aletas traseras *de las tortugas servían solo para guiar.*

Protostega

Los músculos de la cola daban a los **mosasaurios** la fuerza necesaria para **atacar**.

Algunos mosasaurios *tenían la aleta caudal en forma de media luna.*

Mosasaurus

Las aletas *delanteras servían para guiar.*

remando o moviendo sus aletas en forma de alas. No está claro si usaban las cuatro para impulsarse, o solo las delanteras para impulsarse y las traseras para guiarse (como las tortugas). Los nadadores más rápidos del mundo de los reptiles eran los ictiosaurios, como el ***Ichthyosaurus*** y el ***Stenopterygius***. Agitaban lateralmente la aleta caudal para impulsarse. Los primeros mosasaurios tenían la cola aplanada, como el cocodrilo, que barrían de un lado a otro para moverse por el agua. Más adelante, desarrollaron una aleta caudal para mayor eficiencia, como el ***Mosasaurus***.

Reptiles marinos gigantes

Megacephalosaurus

Elasmosaurus

Los afilados dientes *de este gran pliosaurio eran ideales para capturar otros reptiles marinos y peces resbaladizos.*

La cabeza *era pequeña en comparación con su enorme cuerpo.*

Solo el cráneo *medía más de 2 m de largo.*

De unos 7 m *de largo, el Elasmosaurus tenía uno de los cuellos más largos de todos los tiempos.*

Pliosaurus

Con unos 13 m *de longitud, fue uno de los mayores pliosaurios.*

Los ictiosaurios *están entre los reptiles marinos más prósperos, con al menos 50 tipos principales que se han encontrado fosilizados.*

Los estudios de su cráneo *muestran que este pliosaurio tenía un buen sentido del olfato, que utilizaba para rastrear presas.*

Sus enormes ojos *tenían unos 20 cm de diámetro.*

Ichthyosaurus

El *Temnodontosaurus alcanzaba una longitud de hasta 12 m.*

Temnodontosaurus

Los reptiles prosperaron en los océanos durante el período Triásico. Pero hace unos 200 millones de años, el período Triásico llegó a su fin con una extinción masiva que eliminó a muchos de los reptiles que habían gobernado los mares. Los sobrevivientes tardaron mucho en recuperarse, pero durante los siguientes 135 millones de años se convirtieron en algunos de los depredadores más poderosos que hayan existido. Algunos, como el **Dakosaurus**, se parecían a los cocodrilos pero estaban especializados para la vida en el mar. El **Ichthyosaurus** y su pariente

Sus poderosas mandíbulas tenían afilados dientes para capturar a otros reptiles marinos, incluso mosasaurios pequeños.

El cráneo ancho y los dientes del Dakosaurus eran como los del Tyrannosaurus.

Dakosaurus

Con unos 10 m de longitud, este pliosaurio agitaba sus cuatro largas aletas en forma de alas para «volar» por el agua.

El primer **fósil de cráneo** de *Mosasaurus* se descubrió en 1764.

Liopleurodon

El Mosasaurus tenía un cuerpo largo y flexible, similar al de las serpientes.

Mosasaurus

Los ictiosaurios tenían cuerpos aerodinámicos y nadaban como tiburones, usando sus poderosas aletas caudales.

Los mosasaurios nadaban flexionando sus largos cuerpos y colas, como los cocodrilos.

REPTILES COLOSALES

Con hasta 15 m de largo, los mosasaurios estaban entre los reptiles marinos más grandes. Como las serpientes, algunos mosasaurios tenían mandíbulas con doble articulación y cráneos flexibles que les permitían tragar a las presas enteras.

gigante, el **Temnodontosaurus**, eran una especie de equivalente reptil de los delfines. Pero los verdaderos gigantes marinos eran los reptiles de cuello largo conocidos como plesiosaurios, como el **Elasmosaurus**, y también los temibles pliosaurios de cuello corto como el **Liopleurodon** y los enormes mosasaurios. Algunos reptiles marinos tenían mandíbulas más grandes que las del mortífero *Tyrannosaurus*. Todos estos reptiles marinos fueron aniquilados hace 66 millones de años en la extinción que acabó con los dinosaurios.

GRANDES CAZADORES
Algunos de los cazadores más letales vivían en los océanos en el Mesozoico. Entre ellos estaban los pliosaurios, animales de mandíbula enorme especializados en cazar presas grandes y poderosas, como otros reptiles marinos. El *Liopleurodon* era uno de estos depredadores oceánicos. Con unos 7 m de longitud y armado con enormes dientes puntiagudos, no tenía depredadores.

El *Liopleurodon* vivió en los océanos durante el Jurásico tardío, hace más de 163 millones de años. Era familiar de los plesiosaurios de cuello largo como los que se ven aquí, pero eso no impedía que los persiguiera. Ambas especies se movían por el agua con sus largas aletas. Los experimentos con robots nadadores han demostrado que les proporcionaban una tremenda aceleración. Es posible que el *Liopleurodon* utilizara esta velocidad como parte de su estrategia de caza: acechar en las profundidades tenues antes de saltar para atrapar a su presa y desgarrarla, aunque probablemente podía tragarse a este plesiosaurio entero. Depredador formidable y próspero, el *Liopleurodon* existió durante casi 10 millones de años.

LA LLEGADA DE LOS MAMÍFEROS

Un nuevo mundo

Fósil de mariposa

*Esta **mariposa** que se alimenta de néctar se encontró fosilizada en rocas de más de 50 millones de años.*

*La **metasecuoya** es casi idéntica a las coníferas que vivieron hace 150 millones de años y alimentaban a los dinosaurios gigantes.*

Hojas de metasecuoya

*Las **semillas** están dentro de conos escamosos.*

Magnolia

Aún presentes en la actualidad, las magnolias florecieron por primera vez hace más de 130 millones de años.

Muchas hojas fosilizadas son como las vivas.

Fósil de hoja de árbol

Fósil de abeja

Hace unos 20 millones de años, esta abeja bebía néctar y transportaba polen como una abeja actual.

Durante la mayor parte de la era Mesozoica de los dinosaurios no había flores coloridas y fragantes para atraer a los insectos. El mundo de las plantas estaba dominado por las hojas verdes de los helechos, las cycas en forma de palmera y las coníferas. Las primeras plantas con flores datan de hace unos 140 millones de años. La mayoría de sus flores eran pequeñas y se polinizaban por el viento. Pero hace unos 100 millones de años, muchas tenían flores grandes y vistosas, como las **magnolias primitivas** y el ***Archaeanthus***, y al desaparecer los dinosaurios,

Fósil de *Florissantia*

Formado *hace 49 millones de años, este fósil tiene rastros de estructuras que producían néctar azucarado.*

Fósil de hormiga alada gigante

Cada detalle de esta hormiga *reina se ha conservado en un fósil que tiene unos 47 millones de años.*

Archaeanthus

Estos brillantes pétalos *debieron de atraer a los primeros escarabajos que se alimentan de polen.*

El exoesqueleto *aplastado de este escarabajo de 50 millones de años todavía brilla como cuando estaba vivo.*

Fósil de bupréstido

Aún presentes en la actualidad, los **bupréstidos** se remontan a hace unos 150 millones de años.

Castaña de agua

La fruta puntiaguda *de las castañas de agua proporcionaba alimento a los primeros habitantes de la Edad de Piedra.*

el mundo se transformó. Durante la era Cenozoica hubo un aumento de plantas con flores vistosas, llenas de néctar y posiblemente fragantes como las de *Florissantia*. Evolucionaron junto con los insectos que se alimentaban de néctar, como **abejas** y **mariposas**. Estos insectos transferían el polen de una flor a otra de forma más eficiente que el viento, así que las plantas podían esparcir las semillas más fácilmente. Eso significa que en el Cenozoico, era de los mamíferos, probablemente había mucho más colorido que en las anteriores, y también una mayor variedad de insectos.

Atrapados en ámbar

Mantis religiosa

Exactamente con el mismo aspecto que cuando estaba viva, esta mantis parece que había capturado a una hormiga antes de quedar atrapada.

Las grandes pinzas de este escorpión son como las de los escorpiones actuales, que sirven para atrapar a las presas.

Pájaro

Los animales más **antiguos** atrapados en **ámbar** murieron hace 230 millones de años.

Las garras de una cría de pájaro son visibles en esta pieza de ámbar; el pájaro vivió hace 100 millones de años, durante la era de los dinosaurios gigantes.

La mayor parte de lo que sabemos de la vida prehistórica proviene de los fósiles: restos o huellas de animales, plantas y otros seres vivos convertidos en piedra. En general, solo los materiales más duros, como los huesos, se fosilizan de esta manera y se pierden todos los tejidos más blandos. Pero un proceso natural preserva hasta el último detalle de los animales más pequeños: la conservación en ámbar. Este material de color amarillo dorado como de vidrio es la forma endurecida de la resina pegajosa que emana de las grietas de la corteza de árboles

Mosca

Los diminutos detalles visibles en insectos como esta mosca ayudan a los científicos a clasificarlos y estudiarlos.

Pluma

Algunas plumas conservadas en ámbar pertenecían a dinosaurios extinguidos mucho tiempo atrás, pero eran como las de las aves actuales.

En un intento de salir de su trampa pegajosa, esta lagartija se rompió la cola, igual que las lagartijas actuales cuando intentan escapar.

Escorpión

El escorpión prehistórico probablemente tenía un aguijón en la cola.

Lagartija

Aunque tiene al menos 15 millones de años, este ciempiés es perfecto en cada detalle.

Araña

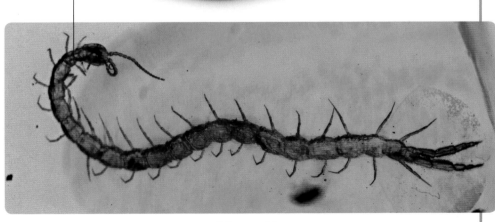

Ciempiés

Esta araña se conserva en una resina que tiene entre 40 y 60 millones de años.

como los pinos. Cualquier insecto que caiga en ella puede quedar atrapado y morir. Esta resina se solidifica lentamente y durante millones de años se convierte en ámbar vítreo, con el insecto apresado en su interior. Se han encontrado muchas criaturas conservadas en ámbar, como insectos, **arañas**, **ciempiés**, **ranas** e incluso **pájaros** pequeños. Algunos de estos animales quedaron atrapados hace tanto tiempo que debieron de vivir con los dinosaurios gigantes. Pero la mayor parte del ámbar data de hace unos 44 millones de años, al principio de la era de los mamíferos.

Primeros mamíferos

Fruitafossor

El **Fruitafossor** *era un animal de madriguera del tamaño de una ardilla.*

Este insectívoro *usaba sus fuertes extremidades frontales para entrar en los nidos de termitas.*

Sinodelphys

Este primer mamífero *con marsupio conocido vivió hace 125 millones de años en lo que hoy es China.*

Zalambdalestes

Las largas patas traseras *de este mamífero insectívoro estaban adaptadas para saltar como un conejo.*

Eozostrodon

Las extremidades cortas *del* Eozostrodon *estaban adaptadas para la vida en madrigueras, donde se ocultaba de los dinosaurios depredadores durante el día.*

Los primeros mamíferos aparecieron en el período Triásico tardío, hace unos 205 millones de años. Durante los siguientes 140 millones de años, los mamíferos vivieron a la sombra de sus vecinos dinosaurios. Eran criaturas pequeñas, probablemente nocturnas, que pasaban la mayor parte del tiempo escondidas entre la maleza, o incluso bajo tierra, alimentándose de insectos y pequeños animales. La más grande de estas criaturas, el **Repenomamus**, no era mayor que un tejón. Los primeros mamíferos (animales como el **Morganucodon** y el

Megazostrodon

Parecido a una musaraña
*actual, el Megazostrodon
probablemente se alimentaba
de gusanos y otros invertebrados.*

Zalambdalestes   Repenomamus

El Morganucodon *medía solo 10 cm
de largo, y posiblemente cazaba insectos
como escarabajos por la noche.*

Morganucodon

El Repenomamus
*tenía dientes afilados y
poderosas mandíbulas.*

Repenomamus

Un **fósil**
de *Repenomamus*
**muestra los restos
de una cría de
dinosaurio en su
estómago.**

Sus patas cortas y fuertes
*permitían al Repenomamus
buscar comida en extensas zonas.*

Eozostrodon) probablemente ponían huevos como sus antepasados reptiles y el ornitorrinco actual. Los mamíferos que se reproducen así se llaman monotremas. Pero más tarde, en la era Mesozoica, animales como el *Sinodelphys* comenzaron a tener crías vivas como el actual canguro y otros marsupiales. Los mamíferos placentarios, que dan a luz crías desarrolladas, aparecieron más tarde, hace unos 90 millones de años. Los tres tipos de mamíferos sobrevivieron a la extinción masiva que puso fin al Mesozoico, y dieron lugar a los mamíferos modernos.

175

Perezosos y armadillos gigantes

Megalonyx

Los fósiles de este robusto *perezoso se han encontrado en América del Norte y Central.*

El Megalonyx *tenía un hocico sin punta.*

El **caparazón** del *Glyptodon* era tan grande que los humanos se **refugiaban** en él.

A diferencia de un armadillo *moderno, el* Glyptodon *tenía un caparazón rígido en forma de cúpula, sin secciones flexibles.*

Con anillos de armadura *ósea, la cola podía usarse como arma, posiblemente contra Glyptodones rivales.*

Sus largas garras *median unos 4 cm de grosor y servían para recoger alimentos vegetales.*

Sus fuertes garras *podían servir para desenterrar insectos, aunque principalmente se alimentaba de plantas.*

Glyptodon

Estas temibles espinas *óseas podían causar graves lesiones a un atacante o rival.*

Doedicurus

Mientras los dinosaurios gigantes estaban aún vivos, los mamíferos eran una pequeña parte de la fauna. Pero los mamíferos que sobrevivieron en la nueva era heredaron un mundo con muy pocos animales grandes, y con el tiempo sus descendientes empezaron a asumir este rol.

Algunos de los mamíferos más primitivos que alcanzaron un gran tamaño fueron los xenartros: los osos hormigueros, los perezosos y los armadillos y sus parientes. Igual que sus homólogos actuales, vivían en América del Sur, aunque algunos se extendieron a América del Norte cuando los dos

El **Thalassocnus** *estaba adaptado para nadar en aguas poco profundas y probablemente comía algas marinas.*

Thalassocnus

Megatherium

El **Megatherium** *usaba sus largos brazos para acercarse las ramas frondosas hasta la boca.*

Su voluminoso cuerpo *contenía un gran sistema digestivo para procesar grandes cantidades de alimentos vegetales.*

Se alzaba *sobre sus patas traseras para alimentarse.*

Los pies grandes *y los enormes huesos de las patas soportaban el considerable peso del perezoso mientras se alimentaba.*

continentes finalmente se conectaron. En el transcurso de 66 millones de años hasta el final de la última glaciación, aparecieron algunos animales espectaculares. Entre ellos, el enorme herbívoro **Glyptodon**, similar a un armadillo, y el **Doedicurus**, fuertemente acorazado, ambos protegidos de los depredadores por una sólida armadura ósea. El más grande de todos fue el perezoso gigante **Megatherium**, un herbívoro que podía alcanzar el tamaño de un elefante indio. Era capaz de levantarse sobre sus patas traseras para llegar a los árboles.

Autoprotección

Las escamas de los pangolines y sus ancestros extintos están hechas de queratina, el mismo material que forma el pelo.

Las espinas rígidas y afiladas de este mamífero insectívoro ayudaban a protegerlo de los depredadores.

Escamas de pangolín actual

Pholidocercus

Cola espinosa de Doedicurus

Los fósiles de Macrocranion hallados en las rocas de 47 millones de años del yacimiento de Messel en Alemania muestran evidencia de pelaje.

Pariente acorazado de los armadillos actuales, el Doedicurus también tenía una cola parecida a una porra para defenderse.

Espinas de Echidna

Fósil de *Macrocranion*

Cada espina es como un pelo, con un núcleo esponjoso y una punta afilada.

Gran parte de la energía que obtiene un mamífero de los alimentos se convierte en calor que mantiene su cuerpo caliente. Cuanto menos calor pierde a través de la piel, menos tiene que comer, por lo que la mayoría de los mamíferos están cubiertos de pelo o pelaje que actúa como aislante. Solo los mamíferos tienen pelo, y este evolucionó muy temprano, probablemente hace más de 250 millones de años. Algunas de las primeras evidencias físicas se observan en fósiles del *Eomaia*, de hace 125 millones de años, que muestran rastros de pelaje

Palaeochiropteryx

Murciélagos *como el* Palaeochiropteryx, *de hace 47 millones de años, volaban con unas alas de membrana.*

La resistente armadura *del* Glyptodon *estaba compuesta por cientos de placas óseas llamadas osteodermos.*

Armadura

La piel de este perezoso *está tan bien conservada que se llegó a pensar que tal vez el animal no estaba extinguido.*

Glyptodon

Los fósiles de Eomaia *son algunos de los primeros que se han encontrado con restos de pelaje.*

Eomaia

El *Glyptodon* tenía el **tamaño** y la **forma** de un Volkswagen Beetle.

El Glyptodon *tenía unas fuertes garras para trepar y cavar.*

alrededor de los huesos. Se ha encontrado auténtico pelaje en fragmentos de piel de **Mylodon**, conservados desde hace más de 12 000 años en cuevas sudamericanas frías y secas. El pelo podría estar adaptado para formar espinas como arma de defensa, como en los equidnas y el **Pholidocercus**, parecido a un erizo, que vivió hace 47 millones de años. Otros fósiles conservan la armadura de animales parecidos a armadillos, como el **Glyptodon** y el **Doedicurus**, y los fósiles de algunos mamíferos extintos muestran rastros de escamas duras y superpuestas.

Megamarsupiales

Thylacoleo

Palorchestes

Este herbívoro del tamaño de un caballo usaba su pequeña nariz en forma de trompa para recoger hojas de arbustos y árboles bajos.

Thylacosmilus

Del tamaño de una leona, y con una potente mordedura, el Thylacoleo *fue el mayor depredador australiano en la era glacial.*

Los enormes dientes de sable de este cazador sudamericano estaban protegidos por placas óseas que se extendían desde la mandíbula inferior.

Este pariente del actual demonio de Tasmania era un feroz depredador y carroñero, con mandíbulas muy poderosas.

Sarcophilus

Thylacinus

Muchos de los primeros mamíferos eran marsupiales, cuyas crías a medio formar viven en la bolsa de la madre hasta que están completamente desarrolladas. Prosperaron en Sudamérica y Australia hace unos 100 millones de años. Algunos, como el temible *Thylacosmilus* con dientes de sable y el *Borhyaena* parecido a una hiena, continuaron viviendo en Sudamérica junto a los mamíferos placentarios (mamíferos que dan a luz a crías desarrolladas). Pero en Australia no había mamíferos placentarios, de modo que los marsupiales evolucionaron para

EL MARSUPIAL MÁS GRANDE

El gran uombat *Diprotodon* fue el marsupial más grande. Con hasta 3 m de longitud, medía casi 2,1 m de altura. Tenía unos enormes dientes frontales que usaba para arrancar las hojas de los arbustos y los árboles, y con las grandes muelas las trituraba.

Diprotodon

Procoptodon

Con una altura de unos 3 m, la mayor especie de Procoptodon *era el canguro más grande conocido; vivió hasta hace unos 50 000 años.*

Este gran marsupial era pariente del uombat y el koala modernos, y era herbívoro como ellos.

Las rayas podrían ser un camuflaje en hábitats arbolados, que ocultaban al animal de su presa.

El cráneo y las mandíbulas del Thylacinus *eran muy parecidos a los de un lobo.*

Como los canguros actuales, la madre llevaba a su cría en una bolsa hasta que podía alimentarse sola.

El robusto Borhyaena *vivió hace unos 16 millones de años en Argentina.*

Borhyaena

El **último** *Thylacinus* conocido **murió** en un zoológico de Hobart, Tasmania, en **1936**.

ocupar su lugar. Entre ellos, los ancestros de los koalas, los *Palorchestes* parecidos a los tapires herbívoros, y el león marsupial depredador *Thylacoleo*. Durante las glaciaciones, algunos de estos animales adquirieron tamaños enormes, como el canguro gigante *Procoptodon* y el uombat *Diprotodon*, tan grandes como un hipopótamo. La mayoría se extinguió hace unos 30 000 años, pues el cambio climático dio lugar a un clima más seco, pero el *Thylacinus*, también conocido como el lobo de Tasmania, sobrevivió hasta principios del siglo xx.

181

Herbívoros gigantes

El cráneo del **Uintatherium**, *del tamaño de un rinoceronte, tenía tres pares de cuernos cubiertos de piel y un par de colmillos.*

Uintatherium

Chalicotherium

Megacerops

El **Megacerops** *tenía un par de cuernos óseos nasales en su hocico.*

Los enormes músculos del cuello ayudaban a soportar la pesada cabeza.

El **Chalicotherium** *tenía grandes garras en forma de gancho.*

Las extremidades posteriores eran mucho más cortas que las extremidades anteriores.

Barylambda

Las extremidades de este robusto animal tenían garras romas como pezuñas.

Tras la desaparición de los dinosaurios gigantes hace unos 66 millones de años, la mayoría de los mamíferos eran aún bastante pequeños. Pero con el tiempo, los mamíferos evolucionaron en nuevos tipos y reemplazaron a los enormes herbívoros que habían desaparecido de la Tierra. Los fósiles que datan de hace 60 millones de años muestran que los bosques y las llanuras del mundo fueron poblados por una variedad de mamíferos herbívoros espectaculares. Con el tiempo, aparecieron animales como el elefante primitivo **Gomphotherium** y el extraño

Moeritherium

El labio y la nariz alargados formaban una trompa corta.

Gomphotherium

El par extra de colmillos en la larga mandíbula inferior servía para rasgar la corteza y arrancar hojas.

El *Paraceratherium* fue el mamífero terrestre **más grande**.

Palaeomastodon

Este antepasado de elefante vivió hace 35 millones de años y tenía cuatro colmillos cortos.

Paraceratherium

Las enormes patas como pilares soportaban el peso de este colosal mamífero.

Chalicotherium, con sus largas garras que lo forzaban a caminar sobre los nudillos. Algunos de los animales más grandes se conocen como megaherbívoros. El *Paraceratherium* medía 5,5 m de altura y podía alcanzar las copas de los árboles como una jirafa. A pesar de su inmenso tamaño, los megaherbívoros eran atacados por cazadores bien armados como los felinos con dientes de sable. La mayoría de estos gigantes herbívoros han desaparecido, pero algunos de ellos, como los elefantes, los rinocerontes, los hipopótamos y las jirafas, aún sobreviven.

Cuernos y astas

Las protuberancias óseas en la nariz del Megacerops *eran más grandes en los machos, y probablemente servían para luchar contra los rivales.*

Megacerops

Arsinoitherium

Estos dos enormes cuernos eran extensiones del cráneo.

La cornamenta de los machos se rompía en este punto cada año después de la temporada de apareamiento de otoño, y volvía a crecer en primavera.

Megaloceros

ENORMES CORNAMENTAS

Con hasta 3 m de longitud y una cornamenta enorme, un alce macho es el venado más grande que existe. El *Megaloceros* era del mismo tamaño, pero su cornamenta era el doble de grande y pesaba 40 kg. Crecía hasta alcanzar su tamaño completo en unos cinco meses, y era el órgano animal de crecimiento más rápido.

Megaloceros

Alce macho

Muchos de los grandes mamíferos herbívoros que reemplazaron a los dinosaurios gigantes tenían cuernos espectaculares y otras estructuras en la cabeza. Algunos, como los largos y afilados cuernos del *Pelorovis*, ayudaban a los animales a defenderse contra depredadores hambrientos. Pero otros eran para luchar con los de su clase o simplemente para impresionar. Entre muchos mamíferos actuales, poseer el mayor conjunto de cuernos es una muestra de prestigio que asegura el éxito reproductivo. No hay razón por la que los mamíferos fueran diferentes.

Synthetoceras

El colosal cuerno nasal del Elasmotherium *estaba hecho de queratina, como las uñas humanas.*

Elasmotherium

Parecido a un antílope tenía un cuerno en forma de Y en la nariz, y dos cuernos sobre los ojos.

La cornamenta era de hueso y estaba recubierta de piel mientras crecía.

El nombre ***Megaloceros*** significa **«gran cuerno»**.

Los cuernos óseos, cada uno de hasta 1 m de largo, crecían formando vainas de queratina dura.

Uno de los bóvidos más grandes que ha existido jamás, el Pelorovis *vivió en África hasta hace unos 12 000 años.*

Pelorovis

El cráneo del Uintatherium *macho tenía seis grandes protuberancias óseas.*

Uintatherium

Como los animales con la cornamenta más impresionante eran más propensos a reproducirse, los cuernos se agrandaron con el tiempo, lo que dio lugar a unas estructuras enormes como el doble cuerno óseo del ***Arsinoitherium*** y el gran cuerno del ***Elasmotherium***. Pero los cuernos más grandes pertenecían al ciervo gigante ***Megaloceros***. Eran cornamentas, es decir, cuernos que mudan y vuelven a crecer cada año, y podían alcanzar hasta 3,6 m. Solo los tenían los machos, y servían para impresionar y, en caso necesario, para luchar contra otros machos.

Grandes depredadores

Barbourofelis

Andrewsarchus

La mandíbula tenía dientes *para perforar carne, y muelas que trituraban huesos.*

Unas grandes placas *de hueso que se extendían desde la mandíbula inferior protegían los largos y frágiles colmillos.*

Cada pie *tenía cuatro dedos con pequeñas pezuñas romas.*

Arctodus

Con unos 3,4 m *de longitud, el* Arctodus *era el oso más grande conocido.*

Ursus spelaeus

También conocido como el oso de las cavernas, *el* Ursus spelaeus *vivió en la misma época que los humanos de la era glacial, y probablemente fue uno de sus depredadores más peligrosos.*

Los herbívoros gigantes que reemplazaron a los extintos dinosaurios herbívoros eran atacados por una variedad de grandes cazadores bien armados. Los primeros fueron animales similares a perros llamados creodontes como el *Hyaenodon*, que probablemente era el depredador más rápido de su época. Pero hace unos 11 millones de años, estos animales fueron desplazados por los grandes carnívoros, grupo que ahora incluye felinos, perros, osos y hienas. Los más temibles de estos cazadores –el *Barbourofelis* y el felino de dientes de sable *Smilodon*–, tenían

Epicyon

Depredador poderoso y *robusto, el* Epicyon *tenía una longitud de 1,5 m.*

El perro gigante *Epicyon* **pesaba** tanto como un **oso pardo** actual.

Armado con unas potentes mandíbulas *llenas de dientes afilados, el* Hyaenodon *podía perforar fácilmente la carne.*

Hyaenodon

Smilodon

El **Smilodon** *usaba sus largos dientes de sable serrados como dagas para apuñalar y matar a sus presas.*

Tenía las patas delanteras muy fuertes y probablemente servían para agarrar y tirar animales grandes al suelo.

unos colmillos largos como cuchillos para apuñalar a su gran presa. Otros carnívoros como el robusto oso de cara corta **Arctodus** y el perro tritura-huesos **Epicyon**, es probable que usaran la fuerza bruta para vencer a su presa. Pero los creodontes y los carnívoros no eran los únicos cazadores. Uno de los mayores depredadores de tierra firme es el **Andrewsarchus**, parecido a un lobo, que vivió hace unos 40 millones de años: un animal con pezuñas cuyos parientes vivos más cercanos son los jabalíes.

Dientes de mamíferos

Canis dirus

Gomphotherium

Diprotodon

Smilodon

Como un lobo o un perro actual, este animal tenía colmillos largos para atrapar presas y desgarrarlas.

Los dientes del **Smilodon** *tenían puntas afiladas y bordes como cuchillas para morder profundamente a la presa.*

Los colmillos inferiores *eran planos como espadas y le servían para arrancar la corteza de los árboles.*

Los colmillos *tenían unas profundas raíces para anclarlos en el cráneo del felino.*

Los enormes **dientes de sable** del *Smilodon* medían hasta **28 cm** de largo.

Los dientes frontales *de este gigante uombat herbívoro se unían para atravesar los tallos de las plantas y las hojas.*

La variedad de dientes es una característica de los mamíferos. La disposición básica –la de los humanos– es de varios dientes incisivos para morder en la parte frontal, cuatro colmillos adaptados para agarrar y rasgar, y muelas planas para masticar, pero esta se adapta a la dieta. El temible lobo, **Canis dirus**, tenía unos colmillos más largos para capturar a su presa, y algunas de sus muelas eran como cuchillas para cortar carne. Los felinos con dientes de sable como el **Smilodon** tenían enormes colmillos, muelas afiladas para cortar carne, y ninguna para masticar.

Mamut lanudo

Hueso de mejilla

Las enormes muelas *del mamut aplastaban los alimentos fibrosos hasta hacerlos papilla.*

Coelodonta

Las muelas *actuaban como cuchillas de tijera para cortar la carne.*

Las muelas de un rinoceronte lanudo *eran como dientes de caballo, con coronas altas para masticar plantas.*

GRAN APERTURA

Los felinos con dientes de sable tenían que abrir mucho la boca para atacar a las grandes presas. La mandíbula inferior de un león actual puede rotar 70°, pero la del *Smilodon* podría llegar hasta 120°. Esto le ayudaba a usar sus dientes de sable como dagas para morder la garganta de la víctima.

120° **Smilodon**

70° **León**

El rinoceronte lanudo herbívoro **Coelodonta** no tenía colmillos, pero sí grandes muelas para triturar la vegetación dura. Un mamut tenía enormes muelas masticadoras, y sus incisivos se habían convertido en grandes colmillos. Los marsupiales como el **Diprotodon** tenían un par de incisivos inferiores muy largos que crecían hacia delante desde la mandíbula inferior hasta unirse con los dientes frontales superiores. Todas estas adaptaciones y otras más han sido heredadas por los mamíferos modernos, desde lobos y leones hasta elefantes y canguros.

SABLES A LA CARGA
Hace doscientos años, los soldados a caballo atacaban a los enemigos mientras blandían unas espadas curvas llamadas sables. Veinte mil años antes, el gran felino *Smilodon* atacaba a sus presas con un par de enormes colmillos que tenían la misma forma de hoja larga, esbelta y afilada. El *Smilodon* usaba sus dientes de sable para derribar presas formidables.

Los felinos con dientes de sable como el *Smilodon* vivieron en la era de los megaherbívoros. Incluían muchos animales extintos, así como antepasados de elefantes, rinocerontes y bisontes. Aunque eran objetivos de los grandes depredadores, estos animales eran difíciles de matar debido a su tamaño y fuerza. Pero el *Smilodon* estaba hecho para atacar, con unos

hombros y extremidades anteriores inmensamente fuertes, además de sus temibles dientes. Probablemente tendía una emboscada a su presa, le saltaba encima y lanzaba la víctima al suelo con sus garras. El *Smilodon* usaba sus largos sables para morder el cuello del animal, cortando los principales vasos sanguíneos. Para la víctima, todo terminaba muy rápido.

En la era glacial

Castoroides

Con una longitud de hasta 2,1 m, este enorme castor era del tamaño de un oso.

Se encuentran mamuts **enteros** enterrados bajo la tierra congelada de **Siberia**.

El cráneo en forma de cúpula era similar al del elefante asiático.

Mamut macho

El **Castoroides** probablemente tenía una cola plana para nadar, como un castor moderno.

Los colmillos de un mamut macho podían medir hasta 4,2 m de largo y crecían en una espiral con las puntas hacia dentro, de modo que casi se tocaban entre sí.

El **Coelodonta** era del tamaño de un rinoceronte blanco actual y tenía dos cuernos de hasta 60 cm de largo.

Coelodonta

Mamut hembra joven

Incluso los mamuts jóvenes tenían colmillos, que eran dientes frontales modificados. Crecían a una velocidad de hasta 15 cm por año.

Hace unos 2,6 millones de años, el clima mundial se enfrió y desencadenó una sucesión de glaciaciones. Durante estas fases frías, vastas capas de hielo se extendieron hacia el sur desde el Ártico a través de gran parte de América del Norte y el norte de Eurasia. El paisaje más allá de las capas de hielo se parecía a la tundra nevada y sin árboles que vemos hoy en día en regiones como Alaska y Siberia. Los continentes del sur fueron los menos afectados porque estaban más lejos del polo. Durante las glaciaciones, muchos mamíferos herbívoros

Los enormes dientes trituradores permitían a los mamuts masticar grandes cantidades de vegetación en las praderas del norte.

Tanto los machos como las hembras tenían colmillos, que usaban para llegar a las ramas de los árboles y apartar la nieve de la vegetación baja.

Mamut hembra

desarrollaron un gran tamaño para adaptarse al frío. El **mamut lanudo** y el rinoceronte lanudo *Coelodonta*, por ejemplo, tenían el pelo espeso para protegerse del frío, y su volumen aseguraba que perdieran el calor corporal con menos facilidad que los mamíferos más pequeños. Vivían en la tundra y los pastizales del norte, pero otros mamíferos vivían más al sur, donde el clima era menos severo, o se desplazaban hacia el norte solo en los períodos cálidos que había entre las olas de frío. Hemos vivido en uno de estos períodos cálidos durante los últimos 12 000 años.

era más grande que cualquier bisonte actual y sus cuernos medían hasta 2,1 m de punta a punta.

Bison latifrons

La especie norteña de **Elasmotherium** *tenía el cuerpo cubierto de pelo espeso para aislarse del frío.*

Mamut hembra

Las patas de este animal eran más largas que las de los rinocerontes actuales, lo que sugiere que tal vez era más rápido.

Unos enormes huesos *soportaban el peso del mamut, que era similar al de un elefante africano.*

Mamut macho joven

Los mamuts jóvenes *probablemente permanecían cerca de sus padres hasta que podían valerse por sí mismos.*

Los huesos del pie *descansaban sobre almohadillas de tejido resistente y esponjoso que actuaba como amortiguador.*

Uno de los mayores gigantes de la era glacial fue el **Deinotherium**, un enorme pariente del elefante con colmillos curvados hacia abajo en su mandíbula inferior. Apareció hace unos 10 millones de años, pero se extinguió durante las glaciaciones. Otro animal de gran tamaño era el **Elasmotherium**, un tipo de rinoceronte que vivía junto con el **mamut lanudo** en las partes más frías del norte de Europa y Asia. Más al sur había extensos bosques que eran el hábitat para los **bisontes** y otros bóvidos, como los uros, **Bos primigenius**, un antepasado de los

**No se ha conservado** _ningún cuerno como fósil, pero las pinturas rupestres de la era glacial indican que era muy largo._

Elasmotherium

Deinotherium

El nombre _Deinotherium_ significa **«bestia terrible»** en griego antiguo.

_El_ **Elasmotherium** _tenía dientes grandes y planos, ideales para una dieta de hierba dura y fibrosa que necesitaba mucha masticación._

**Los colmillos crecían** _desde la mandíbula inferior. El_ Deinotherium _probablemente los usaba para cavar o para estirar las ramas de los árboles._

**La enorme cornamenta** _medía unos 3,5 m de punta a punta._

_El_ **Megaloceros** _tenía una altura de 2,1 m hasta los hombros._

Megaloceros

POZOS DE ALQUITRÁN

Se han encontrado muchos fósiles de mamuts de la glaciación en un grupo de pozos de alquitrán cerca de Los Ángeles, EE. UU. Quedaron atrapados en el alquitrán pegajoso y atrajeron depredadores, como felinos de dientes de sable y lobos, que también quedaron atrapados. Arriba se muestra parte de un cráneo de _Smilodon_, ennegrecido por el alquitrán.

bovinos. Los bosques abiertos de Eurasia también fueron el hogar del ciervo gigante **_Megaloceros_**. Los machos tenían la cornamenta más grande que haya existido, y la usaban para impresionar a las hembras y competir con sus rivales. Todos estos animales vivieron al mismo tiempo que los humanos de la Edad de Piedra, que los debían de cazar en busca de alimento. Muchos animales se extinguieron al final de la última era glacial, hace unos 12 000 años. Eso fue debido a los cazadores humanos y a que los climas cambiantes eliminaron sus hábitats.

Primates

El largo hocico del **Plesiadapis** *tenía dientes frontales como los de las ardillas y muelas moledoras adecuadas para comer plantas.*

Plesiadapis

No más grande *que una mano, este pequeño primate vivió hace unos 40 millones de años en los bosques de China.*

Eosimias

El **fósil** de 47 millones de años del *Darwinius* aún tenía su **última comida** en el estómago.

El **Eosimias** *usaba las manos para trepar a los árboles en busca de insectos, fruta y néctar de flores.*

Las garras *curvas tenían las puntas afiladas para trepar por los árboles.*

Dryopithecus

Darwinius

Las manos *tenían los pulgares opuestos, y podían apretar los dedos para agarrarse bien a las ramas y coger la comida.*

Este simio primitivo *estaba bien adaptado para la vida en los árboles, con brazos largos para desplazarse entre las ramas.*

Los primeros primates, como el *Plesiadapis*, aparecieron hace unos 56 millones de años. Pronto se dividieron en primates de tipo lémur, como el ***Darwinius***, y los primeros monos como el ***Eosimias***. Los simios más antiguos vivieron hace unos 25 millones de años. Sus descendientes eran en su mayoría animales que habitaban en los árboles, como el ***Dryopithecus***, que probablemente caminaba a cuatro patas cuando estaba en el suelo. Sin embargo, algunos simios posteriores se adaptaron a la vida en el suelo caminando erguidos sobre sus patas traseras.

Los humanos

Muy similar a los humanos actuales, los neandertales eran personas robustas y adaptadas para la vida en el clima frío de la era glacial de Europa.

Homo neanderthalensis

Solo se ha encontrado el cráneo de este antepasado norteafricano, de modo que no podemos estar seguros de si caminaba erguido o no.

Homo habilis

Sahelanthropus

Los australopitecos, que vivieron hace 4-2 millones de años, caminaban erguidos y tenían una dieta mixta de frutas, raíces y carne.

Australopithecus

El Homo habilis *fue* el primer miembro de nuestro género, Homo. Su nombre significa «hombre hábil»: usaba las manos para hacer herramientas de piedra.

🔍 CEREBROS MÁS GRANDES

La diferencia entre los humanos y otros simios es la inteligencia. Nuestros antepasados caminaron erguidos durante un tiempo antes de que sus cerebros empezaran a crecer. El tamaño medio del cerebro del primer *Homo ergaster* era de 850 centímetros cúbicos; aumentó en el *Homo heidelbergensis* a 1225 centímetros cúbicos, y finalmente a 1350 centímetros cúbicos en el *Homo sapiens* actual.

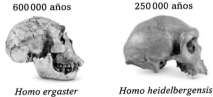

Hace 1,8 MA-600 000 años	Hace 600 000-250 000 años	Hace 150 000 años-presente
Homo ergaster	Homo heidelbergensis	Homo sapiens

Los primeros antepasados de los humanos eran muy parecidos al *Dryopithecus*. El *Sahelanthropus* podría ser uno de los primeros simios en caminar erguido. Vivió en África hace 7 millones de años. Hace unos 3,6 millones de años, el *Australopithecus* ya andaba erguido: se

han encontrado sus huellas fósiles, similares a las nuestras, en el este de África. A lo largo del tiempo, hubo muchas especies de *Australopithecus*, seguidas de varias especies de *Homo*. Los primeros humanos modernos, *Homo sapiens*, evolucionaron en África hace al menos 200 000 años.

VENTANA AL PASADO

En septiembre de 1940, un joven de 18 años entró en una cueva inexplorada en Lascaux, en el sur de Francia, y descubrió escenas prehistóricas maravillosas: una constancia de vida animal de al menos 17 000 años de antigüedad. Decoradas con más de 900 imágenes, las paredes de la cueva representan manadas de caballos salvajes, ciervos y bovinos prehistóricos.

Durante la última glaciación, vastas áreas del norte de Europa eran tundra nevada, pero en el sur de Francia el paisaje era un mosaico de bosques y pastizales que albergaban una gran cantidad de animales salvajes. Los cazaban personas que eran como nosotros, pero con las diferentes habilidades necesarias para sobrevivir en esa época. Las paredes de la cueva demuestran que sus habilidades se extendían más allá de la supervivencia. Las pinturas fueron hechas por personas que observaron a los animales y plasmaron su recuerdo en la cueva. Personas con curiosidad, imaginación, cultura y creatividad. En otras palabras, fueron de los primeros en mostrar lo que define a la humanidad moderna: la civilización.

Glosario

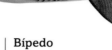

Este pez óseo, el *Cladoselache*, tenía un esqueleto de cartílago.

Adaptación
Característica de un ser vivo que lo ayuda a prosperar en su entorno y su estilo de vida. Las adaptaciones se transmiten a la descendencia y evolucionan a lo largo de generaciones.

Alosauroideos
Grupo de dinosaurios terópodos que vivió durante los períodos Jurásico y Cretácico.

Amonites
Molusco, pariente del calamar, con caparazón en espiral. Vivía en los mares del Mesozoico.

Anfibio
Animal de sangre fría que pasa parte de su vida en el agua, como la rana. Respira por las agallas durante los primeros años de vida, pero cuando es adulto vive en tierra firme y respira con sus pulmones.

Anquilosaurios
Dinosaurios de cuatro patas, acorazados y herbívoros con placas óseas que cubrían el cuello, los hombros y el lomo.

Antena
Órgano sensorial móvil en la cabeza de algunos animales.

Antepasado
Especie animal o vegetal de la cual han evolucionado las especies más recientes.

Arcosaurios
Grupo de reptiles relacionados que incluye dinosaurios, aves, pterosaurios y cocodrilos extintos. Aparecieron por primera vez en el período Triásico.

Arqueas
Organismos microscópicos que se parecen a las bacterias pero que están relacionados muy remotamente. Algunas arqueas viven en ambientes extremos, como agua muy caliente o muy salada.

Artrópodo
Animal invertebrado con un cuerpo segmentado y un caparazón externo duro (exoesqueleto). Los artrópodos extintos incluyen los trilobites. Los ejemplos vivos incluyen insectos y arañas.

Bacterias
Organismos microscópicos unicelulares sin núcleo celular. Las bacterias son los organismos más abundantes en la Tierra.

Bípedo
Que camina sobre dos pies en lugar de cuatro. Los humanos y las aves son bípedos, como lo fueron muchos dinosaurios.

Camuflaje
Disfraz que ayuda a un animal a mezclarse con su entorno.

Carnívoro
Animal que come carne.

Ceratopsios
Dinosaurios herbívoros, con un pico grande y adornos óseos en la parte posterior del cráneo. Muchos, como el *Triceratops*, tenían cuernos faciales.

Cianobacterias
Bacterias que usan la luz solar para fabricar sus propios alimentos con la fotosíntesis.

Cinodontes
Grupo de sinápsidos que surgió en el Pérmico tardío (ver también *Sinápsidos*).

Colonia de cría
Gran grupo de animales que se reúnen para reproducirse en un solo lugar.

Creodontes
Grupo extinto de mamíferos carnívoros.

Cuadrúpedo
Que camina a cuatro patas. La mayoría de los mamíferos y reptiles son cuadrúpedos.

Depredador
Animal que caza y mata a otros animales para alimentarse.

De sangre caliente
Los animales de sangre caliente mantienen una temperatura corporal interna constante, independientemente de la temperatura externa.

Dromeosáuridos
Grupo de dinosaurios carnívoros de dos patas

Las espinas largas del hombro protegían a este anquilosaurio, el Sauropelta, *de los depredadores.*

parecidos a las aves. Se han encontrado fósiles de dromeosáuridos en todos los continentes.

Embrión
Planta, animal u organismo en una etapa temprana de desarrollo a partir de un huevo o una semilla.

Envergadura
Distancia desde la punta de un ala a la punta de la otra cuando ambas alas están extendidas.

Era
Lapso de tiempo muy largo. Las eras se dividen en espacios más cortos llamados períodos. La era Mesozoica, por ejemplo, se divide en los períodos Triásico, Jurásico y Cretáceo.

Escudos
Placas óseas con una cubierta callosa que cubre la piel de ciertos reptiles para protegerlos de los depredadores.

Especies
Grupo de organismos similares que pueden reproducirse entre sí para tener descendencia.

Espinosaurio
Gran dinosaurio terópodo con mandíbulas parecidas a las de un cocodrilo, llamado así por el *Spinosaurus*.

Espora
Estructura microscópica producida por plantas (excepto plantas de semillas), hongos y microorganismos, a partir de la cual puede crecer un nuevo ejemplar. Las esporas se suelen propagar por el viento o el agua.

Estegosaurios
Dinosaurios cuadrúpedos herbívoros con dos hileras de placas óseas que recorrían el cuello, el lomo y la cola.

Evolución
Cambio gradual de las especies a lo largo de generaciones que se adaptan a su entorno.

El Sinornithosaurus *era un dromeosaurido parecido a un ave con plumas en sus brazos y patas.*

Exoesqueleto
Esqueleto externo. Los animales como los cangrejos tienen un exoesqueleto. Por el contrario, los humanos tienen un esqueleto interno.

Extinción
Desaparición de una especie vegetal o animal. La extinción puede ocurrir de forma natural como resultado de la competencia entre especies, de los cambios en el medio ambiente o de los desastres naturales.

Filamentos
Estructuras finas similares a pelos.

Folíolo
Hoja pequeña, como una parte de una hoja dividida.

Fósil
Restos de algo que alguna vez estuvo vivo, conservado en roca. Es más probable que los dientes y los huesos formen fósiles que las partes blandas del cuerpo, como la piel.

Fosilización
Proceso por el cual los organismos muertos se convierten en fósiles. La fosilización a menudo implica el reemplazo del organismo original por minerales de roca.

Fronda
Una hoja que está dividida en muchas partes. Por ejemplo, la hoja de un helecho o una palma.

Glaciación (era glacial)
Período de tiempo durante el cual las temperaturas globales disminuyen y las capas de hielo (glaciares) cubren grandes extensiones de tierra.

Gravedad
Fuerza de atracción que atrae los objetos al suelo.

Hadrosaurios
También conocidos como dinosaurios de pico de pato. Grandes herbívoros bípedos y cuadrúpedos del período Cretácico. Tenían un pico parecido al de un pato que usaban para hurgar en la vegetación.

Herbívoro
Animal que come plantas.

Ictiosaurios
Grupo de reptiles marinos que apareció por primera vez en el período Triásico. Los ictiosaurios tenían cuerpos aerodinámicos similares a los de los delfines actuales. Se extinguieron antes del final del período Cretácico.

Iguanodontes
Grandes dinosaurios herbívoros que eran comunes en el período Cretácico temprano.

Incubar
En las aves, sentarse sobre los huevos para mantenerlos calientes.

Invertebrados
Animales sin columna vertebral.

Mamífero
Animal de sangre caliente, cubierto de pelo y que amamanta a sus crías.

Mamut
Tipo de elefante con largos colmillos que vivió durante el Plioceno y el Pleistoceno.

El Lambeosaurus *era un hadrosaurio herbívoro que vivió en el oeste de América del Norte hace unos 76 millones de años.*

Durante la última glaciación, algunos mamuts desarrollaron pelo largo, lo que los ayudaba a mantenerse calientes.

Marsupiales
Grupo de mamíferos en el que las crías nacen sin desarrollar y continúan su crecimiento dentro de la bolsa de la madre.

Mesozoico
Etapa del tiempo que incluye la era de los dinosaurios. Comenzó hace 251 millones de años y terminó hace 66 millones de años.

Microorganismo
Criatura viviente demasiado pequeña para verla sin un microscopio.

Monotremas
Mamíferos que ponen huevos, incluidos el ornitorrinco y los equidnas (osos hormigueros espinosos). Se cree que poner huevos es el modo original de reproducción de los mamíferos.

Mosasaurios
Lagartos gigantes marinos que vivieron durante el período Cretácico. Eran depredadores feroces con cuerpos esbeltos, hocicos largos y extremidades parecidas a aletas.

El Eosimias, un pequeño primate prehistórico, medía solo unos 5 cm de longitud.

Ornitomimosaurios
Dinosaurios parecidos a aves con estructura de avestruz. Eran los animales más rápidos en tierra firme en el período Cretácico.

Oviraptorosaurio
Dinosaurio terópodo con un pico y brazos con plumas, llamado así por el *Oviraptor*.

Paleontólogo
Científico que estudia los fósiles de plantas y animales.

Esqueleto de un mamut macho joven.

Ojo compuesto
Ojo formado a partir de un mosaico de muchos ojos pequeños. Los insectos tienen ojos compuestos.

Omnívoro
Animal que come alimentos vegetales y animales. Por ejemplo cerdos, ratas y seres humanos.

Palpos
Par de estructuras segmentadas en forma de brazo en las piezas bucales de algunos invertebrados, como las arañas y los escorpiones. También llamado pedipalpos.

Paquicefalosaurios
Grupo de dinosaurios bípedos con el cráneo grande en forma de cúpula.

Pez con aletas lobuladas
Tipo de pez que tiene aletas musculosas y carnosas. Los peces con aletas lobuladas fueron los antepasados de todos los vertebrados de cuatro extremidades, incluidos los humanos.

Pez con aletas radiadas
Grupo importante de peces óseos que incluye aproximadamente 25 000 de las especies de peces actuales y especies prehistóricas. Los peces con aletas radiadas tienen aletas formadas por piel estirada sobre un abanico de huesos delgados.

Pez óseo
Pez con esqueleto de hueso. Los peces óseos son uno de los mayores grupos de animales óseos, o vertebrados. Además de peces familiares como el atún, el arenque y el salmón, el grupo también incluye a los antepasados de los tetrápodos.

Pez sin mandíbula
Clase de vertebrados primitivos que prosperó principalmente en la época del Paleozoico temprano. Incluyen grupos extintos y las especies de mixinos y lampreas existentes.

Plesiosaurios
Grandes reptiles marinos prehistóricos que nadaban con unas extremidades en forma de aletas. Muchos tenían el cuello enormemente largo y la cabeza diminuta.

Pliosaurios
Plesiosaurios de cuello corto con la cabeza grande y unas potentes mandíbulas dentadas.

Presa
Animal que es matado y comido por otro animal.

Primates
Grupo de mamíferos que incluye lémures, monos, simios y seres humanos.

Primitivo

En una etapa temprana de la evolución.

Prosaurópodos

Grupo de dinosaurios herbívoros que vivió en el Triásico y el Jurásico. Fueron los antepasados de los saurópodos.

Protoplumas

Estructuras parecidas a pelos que proporcionaban aislamiento y más adelante se transformaron en plumas.

Pterosaurios

Reptiles voladores que vivieron durante la era de los dinosaurios. Las alas de los pterosaurios consistían en membranas de piel entre las extremidades. Algunos pterosaurios eran enormes.

Queratina

Proteína estructural dura presente en pelo, plumas, escamas, garras y cuernos.

Quitina

Sustancia orgánica que forma el exoesqueleto de insectos y otros artrópodos.

Rastro

Conjunto de huellas de dinosaurios fosilizadas.

Reptil

Animal de sangre fría y piel escamosa y que se reproduce poniendo huevos.

Saurópodos

Grandes dinosaurios herbívoros y de cuello largo. Vivieron la mayor parte de la era Mesozoica.

Sinápsidos

Grupo de vertebrados que se ramificaron en la evolución de los tetrápodos, y dieron origen a los mamíferos.

Tentáculo

Parte del cuerpo larga y flexible parecida a un brazo que algunos animales acuáticos utilizan para tocar y agarrar.

Terizinosaurios

Grupo de dinosaurios de aspecto inusual que vivieron en el período Cretácico y quizá también en el Jurásico. Los terizinosaurios eran altos, con la cabeza pequeña y los pies robustos.

Terópodos

Los terópodos tenían dientes afilados y garras. Oscilaban desde criaturas del tamaño de una gallina hasta el colosal *Tyrannosaurus*.

El Dubreuillosaurus *era un terópodo del tamaño de un caballo que vivió en el período Jurásico.*

Tetrápodos

Vertebrados con cuatro extremidades (brazos, patas o alas), como todos los anfibios, reptiles, mamíferos y aves.

Tiranosáuridos

Grupo de tiranosaurios grandes, de brazos cortos y manos con dos dedos. El *Tyrannosaurus* es el miembro más famoso de este grupo.

Tiranosaurios

Grupo de dinosaurios terópodos que incluye los tiranosáuridos.

Titanosaurios

Dinosaurios herbívoros muy grandes de cuatro patas. Los titanosaurios eran saurópodos e incluían quizá los animales terrestres más grandes de todos los tiempos.

Tundra

Regiones sin árboles dominadas por plantas bajas y adaptadas al frío.

Vértebras

Los huesos que forman la columna de un animal como un dinosaurio.

Vertebrados

Animales que cuentan con un esqueleto interno, óseo o cartilaginoso.

Los fósiles de este vertebrado, que vivió hace 338 millones de años, se encontraron en West Lothian, Escocia.

Índice

Coelophysis

Euoplocephalus

Parasaurolophus

Smilodon

AGRADECIMIENTOS

Los editores agradecen a las siguientes personas su ayuda en la elaboración de este libro: a Priyanjali Narain por su asistencia editorial; a Rabia Ahmad, Meenal Goel y Mahua Mandal por su asistencia en el diseño; a Charlotte Webb por la corrección, y a Carron Brown por la preparación del índice.

Los editores también agradecen por su permiso para reproducir sus fotografías a:

(Clave: a: arriba; b: abajo; c, centro; e: extremo; i: izquierda; d: derecha; s: superior)

1 James Kuether. **2-3 Getty Images:** Ira Block / National Geographic. **4 123RF.com:** Nicolas Fernandez (i). **5 James Kuether:** (bd). **6 123RF.com:** Corey A Ford (sd). **Dorling Kindersley:** American Museum of Natural History (si). **7 Alamy Stock Photo:** Stocktrek Images, Inc. (sd, bd). **Nobumichi Tamura:** (bc). **8 Dorling Kindersley:** Lynton Gardiner / The American Museum of Natural History (cd). **James Kuether:** (ci, cb). **9 123RF.com:** Corey A Ford (cib). **Dorling Kindersley:** Jon Hughes (c); Oxford Museum of Natural History (bi); Harry Taylor / Hunterian Museum University of Glasgow (sd). **James Kuether:** (cia). **10 James Kuether:** (cb). **11 iStockphoto.com:** dottedhippo (cb). **13 Alamy Stock Photo:** PjrStudio (cib). **Dorling Kindersley:** Courtesy of Dorset Dinosaur Museum (si). **Dreamstime.com:** Marcio Silva / Mbastos (sd). **Science Photo Library:** Natural History Museum, London (cd); Sinclair Stammers (c). **14 Dorling Kindersley:** Lynton Gardiner / The American Museum of Natural History (si). **James Kuether:** (bd). **15 Getty Images:** De Agostini Picture Library (cd). **James Kuether:** (cb, sd, cib, si). **16 Science Photo Library:** TAKE 27 LTD. **17 Dorling Kindersley:** Harry Taylor / Hunterian Museum University of (bd). **Dreamstime.com:** Derekteo (sd). **Science Photo Library:** Henning Dalhoff (cd, cb, ca). **18-19 Alamy Stock Photo:** BIOSPHOTO. **20 123RF.com:** Ilona Sapozhnikova (bi). **20-21 Getty Images:** James L. Amos (c). **22 Alamy Stock Photo:** Juniors Bildarchiv GmbH (bi). **22-23 Dorling Kindersley:** Senckenberg Gesellshaft Für Naturforschung Museum (s). **23 Nobumichi Tamura:** (bd). **24 James Kuether:** (c, bd). **25 James Kuether:** (cia, cdb). **28-29 Masato Hattori**. **30 Alamy Stock Photo:** The Natural History Museum (cb). **Science Photo Library:** Dr. Gilbert S. Grant (sd). **30-31 Science Photo Library:** Chase Studio (b). **31 123RF.com:** Nicolas Fernandez (si). **Getty Images:** De Agostini Picture Library (bc). **Science Photo Library:** Frans Lanting, Mint Images (sd). **32 James Kuether:** (si). **33 Alamy Stock Photo:** National Geographic Creative (si). **James Kuether:** (bi). **Nobumichi Tamura:** (ca). **34-35 Alamy Stock Photo:** All Canada Photos. **36 Alamy Stock Photo:** National Geographic Creative (bd). **37 Dorling Kindersley:** Oxford Museum of Natural History (d). **38 Masato Hattori:** (ca). **James Kuether:** (s). **Nobumichi Tamura:** (bd). **39 James Kuether:** (cda). **Science Photo Library:** Millard H Sharp (cb). **40 Alamy Stock Photo:** Sabena Jane Blackbird (sd). **James Kuether:** (si). **Nobumichi Tamura:** (bd). **40-41 James Kuether:** (c). **41 123RF.com:** Linda Bucklin (sd); Corey A Ford (b). **Getty Images:** Stocktrek Images (cda). **iStockphoto.com:** Warpaintcobra (cdb). **43 Masato Hattori:** (si). **44 123RF.com:** Corey A Ford (i). **Dorling Kindersley:** Oxford Museum of Natural History (sc); Oxford Museum of Natural History (bi). **45 123RF.com:** Corey A Ford (cd). **Dorling Kindersley:** Colin Keates / Natural History Museum, Londres (bi, sc). **46 123RF.com:** Corey A Ford (c). **Alamy Stock Photo:** Corbin17 (sd); The Natural History Museum, Londres (bc). **47 Alamy Stock Photo:** Sabena Jane Blackbird (sd); The Natural History Museum, Londres (si). **Getty Images:** Markus Matzel / ullstein bild (bd). **Science Photo Library:** Gilles Mermet (bi). **48-49 Studio 252MYA:** Lucas Lima. **50 James Kuether:** (b). **Science Photo Library:** Pascal Goetgheluck (cib). **51 iStockphoto.com:** scigelova (cd). **James Kuether:** (sd). **Nobumichi Tamura:** (cda). **52-53 James Kuether:** (ca). **52 Dorling Kindersley:** John Holmes, maquetista / Natural History Museum, Londres (b); Harry Taylor / Natural History Museum, Londres (sd). **53 Dorling Kindersley:** Institute of Geology and Palaeontology, Tubinga, Alemania (cd). **54 James Kuether:** (si). **55 James Kuether:** (bd). **56-57 Getty Images:** Arthur Dorety / Stocktrek Images. **58-59 James Kuether**. **60 James Kuether:** (ci). **Nobumichi Tamura:** (b). **60-61 James Kuether:** (c). **61 Nobumichi Tamura:** (si, bd). **62 James Kuether:** (cd, bi). **63 Nobumichi Tamura:** (bc). **64 123RF.com:** Mark Turner (cd). **Alamy Stock Photo:** ZUMA Press, Inc. (si). **James Kuether:** (bi). **65 123RF.com:** Mark Turner (sd, ci). **Nobumichi Tamura:** (si). **66 123RF.com:** Mark Turner (bi). **James Kuether:** (bc). **67 James Kuether:** (ci). **Nobumichi Tamura:** (si). **69 James Kuether:** (i). **70 James Kuether:** (bd). **71 James Kuether:** (bc, sd). **72-73 Alamy Stock Photo:** robertharding (c). **Getty Images:** milehightraveler (bc). **72 James Kuether:** (bi). **Reuters:** David Mercado (bc). **Science Photo Library:** University Corporation for Atmospheric Research (cib). **73 Alamy Stock Photo:** Carver Mostardi (bc); Jill Stephenson (cdb). **James Kuether. 74 123RF.com:** leonello calvetti (si). **James Kuether:** (ci). **75 123RF.com:** Corey A Ford (sd). **Dorling Kindersley:** Colin Keates / Natural History Museum, Londres (bd). **Science Photo Library:** José Antonio Penas (si). **76 James Kuether:** (bi, cib, bd). **77 Dorling Kindersley:** Lynton Gardiner / The American Museum of Natural History (bd). **James Kuether:** (cdb). **Dr. Lida XING:** (si). **78-79 Science Photo Library:** José Antonio Penas. **80 123RF.com:** leonello calvetti (bi). **Alamy Stock Photo:** Stocktrek Images, Inc. (bd). **James Kuether:** (si). **81 123RF.com:** Corey A Ford (sd). **82 James Kuether:** (c). **83 Dorling Kindersley:** American Museum of Natural History (sd). **James Kuether:** (cd). **84 James Kuether:** (si, sd). **84-85 James Kuether:** (c). **86 Dorling Kindersley:** Colin Keates / Natural History Museum, Londres (ca); Oxford Museum of Natural History (bc). **Getty Images:** Bill O'Leary / The Washington Post (sd). **James Kuether:** (sc, cib, c, bi). **87 123RF.com:** Athikhun Boonrin (cib). **Dorling Kindersley:** Robert L. Braun (bd); Colin Keates / Natural History Museum, Londres (ci, c); Cortesía del Dorset Dinosaur Museum (cia). **88 James Kuether:** (sd, si, bi). **89 123RF.com:** Corey A Ford (bd). **Dorling Kindersley:** Royal Tyrrell Museum of Palaeontology, Alberta, Canadá (si). **Masato Hattori:** (bi). **90 123RF.com:** chastity (bi); Corey A Ford (si); Michael Rosskothen (bd). **Alamy Stock Photo:** CGElv Austria / Elvele Images Ltd (bc). **91 123RF.com:** Corey A Ford (cda). **Getty Images:** Ira Block / National Geographic (si). **James Kuether:** (bi, bd, cia). **92 123RF.com:** leonello calvetti (sd). **Dorling Kindersley:** Cortesía del Dorset Dinosaur Museum (sc); John Downs / John Holmes, maquetista / Natural (cda). **93 Dorling Kindersley:** Colin Keates / Natural History Museum, Londres (cda); State Museum of Nature, Stuttgart (bd). **Masato Hattori. Nobumichi Tamura:** (cb, bi). **94-95 Alamy Stock Photo:** John Cancalosi. **96 123RF.com:** Corey A Ford (bc). **Alamy Stock Photo:** Oleksiy Maksymenko Photography (bd). **James Kuether:** (bi). **Nobumichi Tamura:** (sc). **97 James Kuether:** (sd). **Nobumichi Tamura:** (si). **98 James Kuether:** (ci, bd). **99 James Kuether:** (sd, bc, si). **100-101 Alamy Stock Photo:** MasPix. **102 James Kuether:** (b). **103 Alamy Stock Photo:** Mohamad Haghani (cd). **Getty Images:** Stocktrek Images (bd). **James Kuether:** (s). **104 James Kuether:** (s, bd). **105 Alamy Stock Photo:** CGElv Austria / Elvele Images Ltd (bd). **Masato Hattori:** (sd). **James Kuether:** (si). **106 James Kuether:** (sd, cd, ci, cb, bi). **107 Dorling Kindersley:** Lynton Gardiner / The American Museum of Natural History (ci). **James Kuether:** (sd, bd). **108 Alamy Stock Photo:** AA World Travel Library (cd). **James Kuether:** (cb, sd, cda). **109 Getty Images:** Crazytang (sd). **James Kuether:** (cd, cb). **110 James Kuether:** (si, bd, cd, bc). **111 Dreamstime.com:** Shutterfree (c). **James Kuether:** (sd, bi, si). **112-113 Getty Images:** (background). **114 © cisiopurple/cisiopurple.deviantart.com:** (si). **115 Alamy Stock Photo:** Xavier Forés - Joana Roncero (sd). **James Kuether:** (c). **Nobumichi Tamura:** (bd). **116 © cisiopurple/cisiopurple.deviantart.com:** (si, sc, sd). **Masato Hattori:** (bi). **116-117 © cisiopurple/cisiopurple.deviantart.com:** (c). **117 © cisiopurple/cisiopurple.deviantart.com:** (cd). **Masato Hattori:** (sd). **Nobumichi Tamura:** (bd). **118 James Kuether:** (bi, bd). **119 Alamy Stock Photo:** The Natural History Museum (cb). **James Kuether:** (sd, bi). **120-121 Alamy Stock Photo:** Larry Geddis (background). **122 Nobumichi Tamura:** (bi). **122-123 © cisiopurple/cisiopurple.deviantart.com:** (c). **123 © cisiopurple/cisiopurple.deviantart.com:** (bd). **James Kuether:** (sd). **124 Getty Images:** Walter Geiersperger / Corbis (cd). **James Kuether:** (bc, bd). **125 James Kuether:** (si). **Science Photo Library:** Dirk Wiersma (ca/garra). **126 Alamy Stock Photo:** Stocktrek Images, Inc. (bi). **James Kuether:** (si). **126-127 James Kuether:** (c). **127 Nobumichi Tamura:** (si). **128-129 James Kuether**. **130-131 Alamy Stock Photo:** Stocktrek Images, Inc.. **132 Dorling Kindersley:** Cortesía del Dorset Dinosaur Museum (bd). **James Kuether:** (bi, cdb). **133 Dorling Kindersley:** Colin Keates / Natural History Museum, Londres (cs); Senckenberg Gesellshaft Für Naturforschung Museum (cd). **The Field Museum:** © Velizar Simeonovski, The Field Museum, for the UT Austin Jackson School of Geosciences. (sd). **Getty Images:** Bernard Weil / Toronto Star (ci). **134 123RF.com:** Alessandro Zocchi (si). **Alamy Stock Photo:** Stocktrek Images, Inc. (bi). **Getty Images:** John Weinstein / Field Museum Library (c). **135 123RF.com:** Elena Duvernay (bd); Corey A Ford (ci). **Alamy Stock Photo:** Stocktrek Images, Inc. (bi). **Science Photo Library:** juliu (s). **136 Alamy Stock Photo:** Mohamad Haghani (i); Stocktrek Images, Inc. (sd). **137 Getty Images:** Spencer Platt (bi). **James Kuether:** (sd). **140 Chen Yu:** (bd). **Science Photo Library:** Jaime Chirinos (si, sd); Mikkel Juul Jensen (bi). **141 Getty Images:** Daniel Eskridge / Stocktrek Images (bd). **Nobumichi Tamura:** (ci). **142 James Kuether:** (bc). **Science Photo Library:** Jaime Chirinos (i); Millard H Sharp (bd). **142-143 Alamy Stock Photo:** Stocktrek Images, Inc. (c). **143 James Kuether:** (bd). **Science Photo Library:** (bc); Jaime Chirinos (sc, sd). **144-145 123RF.com:** Corey A Ford. **146-147 Alamy Stock Photo:** Stocktrek Images, Inc. **148 Alamy Stock Photo:** Daniel Borzynski (bd); Natural Visions (bi). **Science Photo Library:** Mark P. Witton (si). **149 Alamy Stock Photo:** Archive PL (s). **Masato Hattori:** (bd, bi). **150 Getty Images:** Sergey Krasovskiy (si, bi). **Nobumichi Tamura:** (bd). **150-151 123RF.com:** Mark Turner (c). **151 Alamy Stock Photo:** Stocktrek Images, Inc. (bc). **Getty Images:** Sergey Krasovskiy (s, cd). **154 Alamy Stock Photo:** National Geographic Creative (bi). **Getty Images:** Antonio Scorza / AFP (sd). **James Kuether:** (si). **154-155 Alamy Stock Photo:** dpa picture alliance (bc). **155 Getty Images:** Sergey Krasovskiy (bd). **James Kuether:** (sd). **Nobumichi Tamura:** (cd). **156-157 Masato Hattori**. **158 123RF.com:** kampwit (bc). **Science Photo Library:** Millard H Sharp (bi). **159 Dorling Kindersley:** Senckenberg Gesellshaft Für Naturforschung Museum (bd). **160 Masato Hattori:** (bi). **James Kuether:** (si). **Nobumichi Tamura:** (sd). **161 123RF.com:** Michael Rosskothen (cd). **Dorling Kindersley:** Jon Hughes (sd). **James Kuether:** (bi, cia). **162 123RF.com:** Corey A Ford (si). **Dorling Kindersley:** Colin Keates / Natural History Museum, Londres (ca). **James Kuether:** (sd, cd, bi, bd). **163 Alamy Stock Photo:** Scott Camazine (ca). **James Kuether:** (b, si). **164 123RF.com:** Corey A Ford (bi); Eugen Thome (cib). **Dorling Kindersley:** Gary Kevin / Bristol City Museum and Art Gallery (ci). **James Kuether:** (sd, bd). **165 iStockphoto.com:** dottedhippo (cd). **James Kuether:** (sd, ci). **166-167 Science Photo Library:** Jaime Chirinos. **168-169 Getty Images:** Stocktrek Images. **170 Alamy Stock Photo:** The Natural History Museum (bd, bi). **Rienk de Jong:** (si). **171 Depositphotos Inc:** Pshenichka (bi). **Science Photo Library:** BARBARA STRNADOVA (si). **Senckenberg:** (ci, sd). **172 Getty Images:** The Image Bank (si). **Dr Lida XING:** (bi). **173 Alamy Stock Photo:** John Cancalosi (bd); PjrStudio (si). **Getty Images:** Lonely Planet Images (cd). **Cortesía del Dr. Enrique Peñalver y Ricardo Pérez de la Fuente:** (sd). **174 Masato Hattori:** (b). **Science Photo Library:** Michael Long (cd). **175 Alamy Stock Photo:** Magdalena Rehova (cd). **Dorling Kindersley:** Peter Minister y Andrew Kerr / Dreamstime.com: (si). **176 123RF.com:** William Roberts (s). **Getty Images:** Roman Garcia Mora / Stocktrek Images (ci). **176-177 James Kuether:** (bc). **177 Alamy Stock Photo:** Mauro Toccaceli (d). **James Kuether:** (cda). **Science Photo Library:** Roman Uchytel (sd). **178 123RF.com:** Thittaya Janyamethakul (si). **Dorling Kindersley:** Harry Taylor / Natural History Museum, Londres (bi). **James Kuether:** (ca, c). **Nobumichi Tamura:** (sd). **179 Alamy Stock Photo:** The Natural History Museum (si); Gianni Muratore (sc). **Depositphotos Inc:** heavyrobbie (bd). **Dorling Kindersley:** Harry Taylor / Natural History Museum, Londres (ca). **Nobumichi Tamura:** (sd). **180 Alamy Stock Photo:** Gerry Pearce (bc). **Science Photo Library:** Jaime Chirinos (i); Julius T Csotonyi (cd). **Roman Uchytel:** (sd). **181 Science Photo Library:** Mauricio Antón (si); Michael Long (sd). **Roman Uchytel:** (bd). **182 123RF.com:** Mark Turner (bi). **James Kuether:** (si). **Nobumichi Tamura:** (bd). **183 Dorling Kindersley:** Natural History Museum, Londres (sd). **James Kuether:** (si). **Nobumichi Tamura:** (bi). **184 123RF.com:** Corey A Ford (sc); Mark Turner (ca). **Alamy Stock Photo:** Roberto Nistri (si); Stocktrek Images, Inc. (bc). **Dorling Kindersley:** Harry Taylor / Natural History Museum, Londres (bi). **185 123RF.com:** Derrick Neill (bd). **James Kuether:** (sd, bc, cda). **186 Dorling Kindersley:** Natural History Museum, Londres (ci). **James Kuether:** (bd). **Science Photo Library:** Mauricio Antón (bi); Roman Uchytel (si). **187 James Kuether:** (b). **Science Photo Library:** Roman Uchytel (si, cda). **188 Alamy Stock Photo:** Roberto Nistri (si). **Dorling Kindersley:** Colin Keates / Natural History Museum, Londres (bc). **James Kuether:** (sd). **Science Photo Library:** Mauricio Antón (bi). **188-189 Alamy Stock Photo:** Robert Malone (cd). **189 Alamy Stock Photo:** PLG (bc). **Dorling Kindersley:** Jon Hughes (cb); Harry Taylor / Natural History Museum, Londres (ca). **190-191 Science Photo Library:** Roman Uchytel. **192 Dorling Kindersley:** Jon Hughes (bi). **194 Alamy Stock Photo:** Stocktrek Images, Inc. (sc). **195 123RF.com:** Steven Cukrov (bd). **Alamy Stock Photo:** Stocktrek Images, Inc. (bi). **James Kuether:** (si, d). **196 James Kuether:** (bi). **197 Alamy Stock Photo:** Cro Magnon (bi); Martin Shields (sd). **Dorling Kindersley:** Oxford Museum of Natural History (bd/*Homo ergaster*, bd/*Homo heidelbergensis*, bd/*Homo sapiens*); Harry Taylor / Hunterian Museum University of Glasgow (sc). **Science Photo Library:** Philippe Plailly (si). **198-199 Alamy Stock Photo:** Hemis. **201 James Kuether:** (bd). **207 James Kuether:** (sd)

Imágenes de la cubierta: Frente: **123RF.com:** Corey A Ford bi/ (*Meganeura*); **Alamy Stock Photo:** Mohamad Haghani ecib/ (*Yi qi*), National Geographic Creative si, Stocktrek Images, Inc. bi/ (*Titanis*); **Chen Yu:** cda/ (*Hongshanornis*); **Dorling Kindersley:** Jon Hughes cdb/ (*Mixosaurus*), Senckenberg Gesellshaft Für Naturforschung Museum sc; **Dreamstime.com:** Anetlanda ca/ (*Scorpion*), Tonny Wu sd/ (*Mantellisaurus*); **Getty Images:** Walter Geiersperger / Corbis cb/ (*Therizinosaurus* y garra); **Science Photo Library:** Pascal Goetgheluck cb/ (Eryops); Contracubierta: **Depositphotos Inc:** CoreyFord cib; **Dorling Kindersley:** John Holmes, maquetista / Natural History Museum, Londres cda/ (*Westlothiana*), Natural History Museum, Londres bd, Oxford Museum of Natural History cia/ (Alethopteris), ecda/ (*Selenopeltis*); **Nobumichi Tamura:** ti; Lomo: **Dorling Kindersley:** American Museum of Natural History s.

Resto de las imágenes © Dorling Kindersley
Para más información ver: www.dkimages.com